AF321306

TRAITÉ DU BAN ET ARRIERE-BAN.

Par Messire J A C Q U E S D E L A L A N D E, *Conseiller du Roy, Doyen & Docteur Regent en l'Vniuersité d'Orleans.*

A O R L E A N S.

Chez FRANÇOIS HOTOT, Imprimeur ordinaire du Roy & de la Ville.

M. DC. LXXV.
Avec Permission.

A MONSEIGNEVR
LE TELLIER
MINISTRE
ET
SECRETAIRE D'ESTAT.

M ONSEIGNEVR,

Ayant recueilly des Monumens de l'Anti-
quité, & de la disposition des Ordonnances de
nos Roys ce qu'il y a de plus considerable touchant
la convocation du Ban & Arriere-Ban pour
composer ce petit Ouvrage, j'ay crû ne pouvoir
mieux faire que de vous l'offrir & y mettre vo-
stre Illustre Nom sur le frontispice, parce que la

ã

matiere de laquelle il traite, estant une dépendan-
ce de la Guerre, qui est du departement de vostre
Charge de Secretaire d'Estat, il vous est plus ju-
stement deu, & vous convient plûtost qu'à aucune autre personne ; souffrez, donc, MONSEI-
GNEUR, qu'il paroisse au jour sous vos heu-
reux auspices, & le recevez comme la marque
de mes respects, & un témoignage public du desir
que j'ay de me dire avec une tres-profonde soû-
mission,

MONSEIGNEVR,

Vostre tres-humble & tres
obeïssant serviteur,
DE LALANDE.

TRAITÉ
DV BAN
ET ARRIERE-BAN.

A conjoncture des temps prefens, aufquels noftre invincible & tres-augufte
Monarque a ordonné la convocation du
Ban et Arriere-Ban, m'a fait
naiftre le deffein de ce petit Ouvrage, que je me fuis
avifé de compofer, dans la penfée qui m'eft venuë,
que fi la condition de la Robbe dans laquelle je fuis,
ne me permettoit pas de prendre les armes, au moins
je pouvois par la plume contribuer quelque chofe au
fervice de fa Majefté, en faifant voir l'antiquité &
juftice du droit qu'a le Roy de convoquer les Nobles,
& gens tenans Fiefs pour le fervice de la guerre.
D'ailleurs il m'a femblé que le public auroit peut-
eftre quelque plaifir à connoiftre l'inftitution du Ban
et Arriere-Ban, & chofes en dépendantes,
qui communément ne font pas fçeuës. Pour l'execution de mon projet, & afin d'y proceder avec

A

methode, je diviseray ce Traité en quelques Chapitres, qui contiendront chacun un sujet particulier.

CHAPITRE PREMIER.

Qu'est-ce que BAN ET ARRIERE-BAN, *de son origine, usage,* & *dénomination.*

LE Ban & Arriere-Ban est fort ancien, & il a pris naissance dés le commencement de la Monarchie Françoise. Suivant l'estat auquel il a esté reduit depuis deux cens ans & plus, c'est une convocation des Nobles & personnes tenans Fiefs, pour aller rendre service au Roy en ses Camps & Armées, laquelle se fait lors des urgentes necessitez de guerre ; mais si nous voulons remonter plus haut, & jusqu'à la grande antiquité, c'estoit chose un peu differente, bien qu'elle se trouve la même dans son sujet & cause fôdamentale : Car le gouvernement & police du Royaume touchant ce fait, & les mœurs des François ont receu trois changemens notables, qu'il est necessaire d'expliquer, afin de parvenir à l'intelligence du droit de Ban & Arriere-Ban, & connoistre son establissement & de quelle façon il a esté mis en usage selon la diversité des temps. Ce sera le principal point de nostre discours ; & parce que les livres où il a fallu puiser des instructions & authoritez sur la matiere presente, sont presque tous écrits en latin, & qu'un texte rapporté dans ses propres termes a plus d'expression & de force que des extraits ou traductiôs en nôtre

langue; je prie d'abord ceux qui ayment le françois, &
recherchent la politesse, de m'avoir pour excusé si je
suis contraint d'entremesler cette piece de plusieurs
passages latins, & si aucune fois je me sers de quelque
mot un peu rude & ancien pour mieux signifier les
choses.

Sous la premiere race de nos Rois, & bien avant
dans la seconde, leur milice & gendarmerie estoit
composée des Appointés du Roy, & de ses autres sujets, lesquels à la premiere semonce & coup de tam-
bour, estoient tenus de prendre les armes & suivre le
Prince ou son General d'armée aux expeditions de
guerre. Ces Appointés estoient des hommes qui faisoient profession ordinaire de porter l'épée, & servir
dans les trouppes; ausquels le Roy au lieu de gages &
solde, bailloit la joüissance de quelques terres, à la
charge de marcher & combattre sous ses enseignes,
toutesfois & quantes qu'ils seroient commandez :
invention qui avoit esté commencée par les Empereurs Romains, lesquels, outre les distributions d'heritages accoustumées d'estre faites aux veterans pour
recompense des services par eux rendus à la Republi-
que, s'aviserent de donner les terres des frontieres à
de braves Chefs & soldats, sous condition de les garder contre l'ennemy, & en joüir seulement pendant
qu'eux ou leurs successeurs continuëroient la milice,
*leg. 3. Cod. de fund. limitroph. & novella Theodosij
junioris de ambitu & loc. limitan.* qui fut un moyen
d'avoir toujours des troupes prestes sur la frontiere, &
engager ces guerriers à défendre courageusement les

marches de l'Empire, & empefcher l'entrée aux nations ennemies ; puifqu'ils y eftoient intereffez en leur
particulier pour la confervation de leurs biens & heritages, *Lampridius in vita Alexandri Severi, fola quæ
de hoftibus capta funt, limitaneis ducibus & militibus dona-
vit ; ita ut eorum ita effent, fi hæredes eorum militarent,
nec unquam ad privatos pertinerent, dicens attentius eos
militaturos, fi etiam fua rura defenderent.* A l'exemple
de cette politique, d'abord que nos anciens François,
aufquels elle eftoit connuë, comme ayant efté quelque temps à la folde des Romains, furent entrés dans
les Gaules, où mefme ils en trouverent l'établiffement
fur les limites, comme il eft croyable, & à mefure
qu'ils fe rendirent maiftres de quelque province, les
premiers Rois diftribuerent une partie du territoire
aux Capitaines & foldats qui les avoient fuivi, pour
s'équipper & entretenir dorefnavant de ce revenu, &
eftre obligez moyennant cela à fervir l'Eftat en guerre, lequel moyen de recompenfer la foldatefque, &
s'acquerir des perfonnes dévoüées, fut auffi pratiqué
par leurs fucceffeurs Rois ; & tels dons & fonds de
terre baillez à cét effet, furent appellez honneurs &
benefices, *honores & beneficia,* nom qui par aprés a efté
traduit aux fiefs. Ainfi Clovis I. donna à Aurelian le
Chafteau de Meleun par forme de bienfait, comme
raconte le Moine Aimoïn, livre 1. chap. 7. *Cum Clo-
dovæus regnum fuum ufque ad Sequanam, atque poftmodùm
ufque ad Ligerim fluvios ampliaffet, Mildunum caftrum
eidem Aureliano, cum totius Ducatu regionis, jure beneficij
conceffit.* & Charlemagne gratifia le Capitaine Privin-
nas

nas d'une contrée de la Pannonie, pour la tenir de luy à pareil titre & droit. *In fragmento de rebus geftis Caroli Magni Regis cum Hunis & Slavis ex hiftoria converfionis Bojorum ad fidem catholicam circa annum 858. fcripta, rogantibus prædictis Regis fidelibus, præftitit Rex Privinnæ aliquam inferioris Pannoniæ in beneficium partem circà fluvium qui dicitur Sava.* Lefdites terres n'eftoient conférées qu'à vie ou à temps, & retournoient au Roy par le décés du beneficier, ou quand il quittoit le fervice; ce qui s'induit manifeftement, de ce qu'en la divifion des biens faite en ces efpeces durant ces temps-là, elles font continuellement oppofées aux autres heritages poffedez en propre pour foy & fes heritiers & ayans caufe, lefquels dans les memoires de l'antiquité fe nomment propriétés, aleux, heredités, *Aventinus in gloffario, Gregorius Turonenfis lib. 3. cap. 15. capitularia lib. 3. cap. 20. de his qui fraudem faciunt regalibus beneficijs. Charta divifionis Imperij, quam Carolus Magnus fecit pro pace inter filios fuos confervanda. Articul. 4.*

Or quand le Roy vouloit faire la guerre, ou aller au devant de fes ennemis, il enjoignoit par un proclamat & cry public à tous beneficiers qu'ils euffent à venir en armes au rendez-vous, lefquels eftoient auffitoft fur pied, & cette femonce & affemblée s'appelloit Ban, comme il apparoiftra par les lieux & authoritez qui font à citer dans la fuite de ce Traité. Le mandement en eftoit fi précis, & la difcipline fi exacte, que ceux qui avoient manqué à ce devoir, ou à fe mettre en bon & deu équipage felon leur revenu, eftoient privez de leurs honneurs & benefices, mef-

me il y avoit peine contre les paresseux qui estoient
venus trop tard. Cecy se verifie par les Statuts & Ordonnances contenus és Capitulaires de Charlemagne,
livre 3. chap. 5. 69. 71. 73. & autres endroits.

S'il estoit besoin de plus grandes forces que les
Compagnies des beneficiers, comme il arrivoit assés
souvent, on convoquoit d'une ou plusieurs Provinces les autres personnes estans en estat & disposition
de porter les armes, dont il y avoit fort grand
nombre, les François alors n'ayans presque autre
employ & train de vie que celuy de la guerre: car tous
estoient tenus d'aller à l'armée à leurs propres cousts &
dépens quand il plaisoit au Roy de le commander: Et
ou aucuns n'avoient pas assés de facultez pour vivre
en la marche & au camp sur leurs bourse & provisions,
deux, trois ou quatre estoient joints ensemble, afin
de faire entr'eux un homme, auquel ils fournissoient
l'armement & subsistance, ainsi que nous monstre-
rons sous le Chapitre quatriéme en traitant des Edits
faits par nos Rois, portans de pareils accouplemens.
Les defaillans estoient condamnez à une amende, sinon que leur âge, maladie ou office les dispensast du
service militaire; & sauf ceux qui estoient laissez pour
la garde des maisons, culture de la terre, manufactu-
res & ouvrages necessaires, le reste estoit obligé de
prendre les armes, & la peine contre les absens s'exi-
geoit avec tant de rigueur, que celuy lequel n'avoit
pas moyen de la payer sur ses meubles, qui seuls y
estoient sujets, & non les immeubles, estoit condam-
né de servir au palais du Prince jusqu'à ce qu'il eust

gaigné la somme par son travail. Ces convocations
& assemblées de gens de guerre, comme aussi l'amende encouruë pour absence & deffaut, sont nommées
chez les anciens, Ban & Here-Ban, *Bannus & Heri-*
bannus. Produisons quelques preuves & témoignages
qui fassent foy de nostre dire, les lois Ripuaires esta-
blies par Theodoric Roy des François, tit. 68. *Si quis*
legibus in utilitatem Regis, sive in hoste, sive in reliquam uti-
litatem bannitus fuerit, & minimè impleverit, si ægritudo
eum non detineat, solidis sexaginta mulctetur. Fredegaire,
chap. 73. *Dagobertus exercitum in auxilium Sisenandi de*
toto regno Burgundiæ bannire præcepit. Le Code des lois
Françoises, livre 4. chap. 71. *Quicumque liber homo in*
hostem bannitus fuerit, & venire contempserit, plenum Heri-
bannum, id est, solidos sexaginta persolvat, aut si non
habuerit unde summam illam persolvat, semetipsum pro
uvadio in servitutem principis tradat, donec per tempora
ipse bannus adeò fiat persolutus; & tunc iterùm ad statū liber-
tatis suæ revertatur. Les Capitulaires de Charlemagne,
liv. 4. ch. 28. *de Heribanno inquirant missi nostri, qui hostem*
facere potuit, qui a pû venir à l'armée & faire la Campagne, *& non fecit, ut bannum componat.* Et en l'ap-
pendice 3. chap. 35. *Quicumque liber homo inventus fuerit*
anno presente, in hoste non fuisse plenum Heribannum per-
solvere cogatur. &c. Item au livre 6. chap. 253. *Placuit*
ut omnis, qui aut in expeditionem exercitus, absque gravi
necessitate, non progreditur, aut de exercitu fugit, testimonio
suæ dignitatis sit irrevocabiliter carens. Servent encore
à ce sujet le Capitulaire 14. & 68. dudit livre 3. & le
70. du quatriéme des mesmes Capitulaires, que j'ob-

mets pour éviter la prolixité.

Outre les autoritez alleguées, cét usage d'assembler les combatans de toutes les parties du Royaume, ou seulement de quelque pays selon le besoin, se recueille assés de divers endroits de l'histoire composée par Gregoire de Tours, qui vivoit au sixiéme siécle, liv. 2. chap. 37. & 39. liv. 5. chap. 27. livre 6. chap. 31. liv. 7. chap. 23. liv. 8. chap. 30. & ailleurs où il fait mention du peuple, & nomme les gens & nations de deux, trois & plusieurs Provinces, qui estoient dans les camps & batailles; c'est vray-semblablement la cause pourquoy en ces temps-là on livroit des combats si frequemment, & d'abord que les deux armées estoient proches l'une de l'autre, afin de renvoyer chacun de ceux qui seroient échapés du peril de la meslée, en leurs maisons & familles.

Les choses demeurerent en cét état jusques vers le milieu des descendans de Pepin, où elles prirent une nouvelle face, & le gouvernement politique fut changé: car les Ducs, Comtes, Centeniers, & autres Officiers & Gouverneurs des Provinces, Villes & Places, obtinrent de tenir en propre leurs Charges, qui estoient auparavant de simples commissions; & au declin de cette famille des Rois, & sous les premiers regnes de la troisiéme, ils se rendirent comme maistres chacun en son territoire, & usurperent les droits de justice, fisc & semblables; neanmoins avec dependance envers le Souverain, & quelque subordination des uns aux autres. De là s'erigerent plusieurs grandes seigneuries, côme les Duchez de Bourgongne & Aqui-

taine

taine, les Comtés de Flandres & Poictou. Semblablement les benefices commenceront d'estre donnés à
perpetuité, au lieu que cy-devant ils n'estoient que
viagers, *Chronicon Reginonis lib. 2. ad annum 242. Vto Comes obijt, qui permissu regis quidquid beneficij aut præfectura-
rum habuit quasi hæreditatem inter filios divisit* ; & furent
convertis en fiefs au moyen de l'hommage, serment de
fidelité, & certains droits & devoirs, à quoy on les
astreignit, dont le principal fut de continuer à servir
le Roy en ses armées. Ainsi les benefices degenererent
en une autre espece, & furent communement appel-
lés fiefs ; neanmoins ils ne perdirent pas leur ancien
nom, & l'on usa long-temps de l'un & l'autre pour
signifier les heritages tenus à titre de fief.

De plus, ceux qui avoient receu de la liberalité du
Prince ou envahy de grands domaines & seigneuries
considerables, afin de se faire des creatures, & maintenir leur puissance, en baillerent une partie à d'autres
gens d'épée sous pareille charge du port de foy, rede-
vances, & service militaire envers eux seigneurs feodaux ; tellement que les Ducs, Comtes, Barons &
autres, qui relevoient immediatement de la Couronne, commencerent à avoir des vassaux & personnes affidées, par qui ils se faisoient suivre quand
il falloit marcher en campagne pour la guerre, & ces
sousinfeodations sont la source & origine des arriere-
fiefs, laquelle estant ouverte l'industrie des hommes
trouva de nouveaux moyens de creer des fiefs ; par
exemple, plusieurs proprietaires de terres alodiales,
pour eviter l'oppression & estre à couvert des torts

qu'on leur auroit voulu faire, se mirent en la sauvegar-
de de gens puissans, & consentirent de tenir d'eux en
hommage leursdites terres, à condition d'avoir leur
appuy & protection, ce qui leur estoit accordé, & re-
ciproquement le vassal promettoit à son seigneur de
luy prester ses devoirs feodaux, & l'ayder en guerre de
sa personne ou deniers, laquelle espece est nommée
dans les anciennes Chartes, & titres *fiefs de reprise*, &
le speculateur, qui écrivoit il y a 400. ans, en fait mention, *lib. 4. titul. de feud. §. quoniam super homagijs. num. 25.*
Cum esset pauper miles, un pauvre Chevalier ou Gentilhomme, *dixit alicui magno Baroni, Domine si velletis in*
juribus meis me defendere, vellem fieri homo vester, & sic fe-
cit homagium, & fortè omnia bona sua, ei subjecit in feu-
dum. Au reste de quelque maniere qu'ils fussent créez,
la condition d'assister le Roy & son seigneur és camps
& batailles, y estoit ordinairement apposée; & cela
est passé en France comme une servitude tacite & na-
turelle des fiefs, à laquelle ils ont esté assujettis dés le
commencement : Comme aussi furent les grandes seigneuries, toutes dépendantes en foy & hommage de
la Majesté Royale, en vertu duquel droit le Prince au
temps de guerre mandoit ses hommes de plein fief, &
eux levans leurs bannieres convoquoient leurs vassaux, qui estoient obligés de venir sous peine de commise. Et à ce sujet furent faits des reglemens & loix feodales, en l'Edict de Charles le Gros Empereur & Roy de
France, mis au jour par Freher, *in originibus Palati-*
nis, qui est le plus ancien que nous ayons sur cette matiere, *Cuicumque secundùm hanc legem expeditio imperetur si*

ad curiam Gallorum, quæ vulgò Rungale dicitur Dominum suum non comitetur, & ibi cum militari apparatu non repræsentetur, feodo, præter hos qui cum gratia dominorum suorum remanserunt, in conspectu nostro absque spe recuperationis privetur. De là est venuë la seconde forme de Ban & Arriere-Ban, à quoy l'obligation & qualité guerriere des terres beneficiales transformées en fiefs a servy de plan & fondement.

Cecy se pratiqua non seulement parmy les François, mais encore dans toute l'Allemagne & Italie, où plusieurs fonds de terre, offices & seigneuries furent infeodés, & faits hereditaires & domaniaux; d'où sourdit un grand nombre de guerriers, & le seminaire de la pluspart des anciens Nobles d'aujourd'huy; car chez les Nations qui receurent l'usage des fiefs, ils furent presque tous erigés en qualité d'heritages militaires, & donnés à gens de main, avec condition de suivre & ayder leurs Princes & seigneurs à l'armée; c'est pourquoy dans les livres des Feudes composez en latin, les vassaux sont communement appellez *milites*, & jadis l'investiture des seigneuries feodales ayant titre de quelque eminente dignité, comme Duchés & Comtés, se faisoit par la tradition d'un glaive ou estendart, *Guntherus lib. 1. de gest. Friderici Imperatoris.*

Ergo ubi vexillo partem, quam diximus, ille
Hic autem gladio regnum suscepit ab ipso,
Hunc etenim longo servatum tempore morem
Curia nostra tenet.

Albertus Krantzjus lib. dan. 7. cap. 40. *instituto de more solemni apparatu vexillum illi per manus filij tradidit,*

ducemque creat illum, regnique vasallum. Otho Frisin-
*gensis lib. 2. cap. 5. est consuetudo ut Provinciæ per vexil-
lum à principe tradantur.* Quant aux fiefs de moindre
qualité, le seigneur pour l'ordinaire investissoit son
futur vassal en luy mettant en la main un baston ou
anneau, ce que nos Ecrivains François & Coustumes
appellent investir par rain & baston. Aussi souvente-
fois on usoit de la tradition d'une pique ou halebar-
de, *libro 2 feudor. tit 2.* qui est un instrument militaire,
& le symbole de guerre & vaillance, *Sextus Pompeius
Festus de verbor. signification. signum præcipuum est hasta :
nam & Carthaginenses, cùm bellum vellent, Romam hastam
miserunt, & Romani fortes viros sepe hasta donarunt.*

L'obligation susdite d'assister son seigneur & l'accompagner en guerre estoit si precise & annexée à la
nature des fiefs instituez à cette fin, que par les us &
coustumes des Feudes, ils ne pouvoient estre sousin-
feodés qu'aux personnes faisans profession & exercice
des armes, *titul. si de feud. defunct. conteht. si inter dom.
& agnat. vasall. §. si vasallus. feudum in usib. feudor.* Et
quand un vassal entroit en religion, ou prenoit les
Ordres Ecclesiastiques, son fief comme d'une personne incapable des fonctions guerrieres retournoit au
seigneur, ou bien les plus proches parens masles du
Clerc ou Religieux y succedoient, si c'estoit un heritage de leur estoc & famille, *§. 5. eod. & ritul. de vasall. qui
arma bellica deposuit.* où la raison en est renduë, *quia is
qui factus es miles Christi sæculo militare non potest.* Par la
mesme veuë & motif d'entretenir le service de la milice, auquel les fiefs sont sujets, il fut deffendu en

plusieurs

plusieurs lieux de demembrer & aliener son fief sans
la permission de celuy dont il seroit mouvant; parce
que cela ostoit le moyen aux vassaux de se mettre en
bon & deu equipage pour servir l'Estat & leurs seigneurs, comme nous apprennent l'Edict de l'Empereur Lothaire. *de prohibita feudi alienatione*, qui sert
grandement à illustrer le present sujet, & porte ces
termes; *per multas interpellationes ad nos factas comperimus
milites sua beneficia partim distrahere, ac ita omnibus ex-
hauftis, suorum seniorum, Gallicè Seigneurs, servitia sub-
terfugere, per quod vires Imperij maximè attenuatas cogno-
vimus, cum proceres nostri milites suos omnibus beneficijs
suis exutos ad fœlicem nostri numinis expeditionem nullo modo
transducere valeant: itaque hac edictali lege in omne ævum
Deo propitio valitura decernimus nemini licere beneficia, quæ
à suis senioribus habent, sine eorum permissione distrahere.*
Et les Ordonnances de Godefroy de Boüillon, &
Baudoüin son successeur, Rois de Hierusalem, faites
à l'imitation de la Jurisprudence qui se gardoit chez
les François, & redigées par écrit au liure intitulé *les
assises usages & plaids de la haute Cor dou Royaume de Hierusalem*, titre des fiefs; mesme nous voyons quelque
reste de cet ancien reglement en aucunes Coustumes
de France, lesquelles encore maintenant deffendent
de depiecer un heritage & tenement feodal.

Or comme l'appel des vassaux & arriere-vassaux à la
guerre, & le service qu'ils y doivent rendre, est ce qui
se dit Ban & Arriere-Ban, & qu'il a son fondement
sur la superiorité feodale, & cause primitive de l'institution des fiefs, il a esté necessaire de monstrer leur

eſtabliſſement & qualité ; & c'eſt ce qui m'a obligé à tout ce diſcours des droits feodaux ; donc les fiefs & vaſſelages ont eſté inventez pour avoir des hommes, leſquels à la premiere ſemonce de leur ſeigneur fuſſent preſts de prendre les armes, & ſe trouver au camp & armée ; c'eſt ce qui a fait dire communement aux Interpretes que *feuda peperit bellorum neceſſitas.*

De là vient que les Autheurs de pratique, hiſtoriens & poëtes, qui ont traité des mœurs & affaires de ce Royaume, font ſouvent mention de l'aſſiſtance des vaſſaux, que ceux leſquels ont écrit en langue latine nomment *clientes*, & *vaſalli*, envers leurs ſeigneurs de fief, la ſomme rurale de Bouteiller Conſeiller du Roy. Charles 6. livrer. tit. 83. *Item ſi le ſeigneur ou Prince a beſoin de ſon homme pour ſon honneur garder pour ſon corps & pour ſa terre deffendre, ſçachez que mander peut ſon homme de fief qui eſt tenu de venir en armes & en chevaux, ſelon que le fief le doit, & en ce le ſeigneur ſervir : & ſi l'homme de fief manque à cette ſemonce, ſçachez qu'il ſe mer en danger de perdre ſon fief, & eſtre appliqué à ſon ſeigneur.* Guillaume le Breton en la Philippide, qui eſt un poëme fait ſur la vie & actions du Roy Philippes Auguſte, & dedié au Roy Louys VIII. ſon fils, livre 10.

Quem mille ſequuntur

Armatipedites, & equis duo millia vecti

Gnaviter edocti bellum inſtaurare clientes.

Le meſme Autheur au livre 5. où parlant du ſecours mené au Roy d'Angleterre, lors ſeigneur de pluſieurs Duchés & grandes ſeigneuries dans la France, par Robert Comte de Melle en Normandie ou Poictou, comme aucuns veulent, en rend cette raison:

Iusta tamen ducebat eum pro tempore causa
Cum foret Anglorum feodali jure ligatus
Regibus, atque viros illis deberet & arma,
A quibus & villas, & plurima castra tenebat.

C'est ce qui s'apelle ayde de l'host, service de l'host dans les vieilles histoires & Coustumes, quand un vassal marche avec son seigneur, ou luy fournit quelque secours de deniers pour l'armée, ancienne Coustume de Normandie, chap. 37. & 44. Car host en vieux gaulois signifie armée, & vient de la diction *hostis*, qui est fort usitée en ce sens chez les écrivains de la basse latinité. *Sugerius in vita Ludovici Crassi Regis, collecto mirabili triginta millia militum hoste. Appendix Aymoini,* lib. 4. cap. 56. *Rebellantibus Saxonibus qui contra Rhenum fluvium consistunt, strenuus vir Carolus hostem movit Francorum.*

Il est encore à remarquer que le devoir feodal consistoit, non seulement à accompagner son Seigneur marchant en guerre pour le service du Roy; mais aussi à le secourir dans ses querelles particulieres, Guillaume Durant grand Praticien François, qui florissoit vers l'an 1270 en son Specule, le pose comme chose de droit ordinaire, lib. 4. tit. de feud. §. *quoniam super homagiis.* num. 26. *Sunt quædam servitia vasallorum,* inquit, *quæ consistunt in non faciendo, ut in non movendo turpem actionem contra Dominum; quædam verò consistunt in faciendo, ut venire cum armis ad juvandum Dominum,* & infrà num. 30. *Aliquis Baro Franciæ habet guerram cum alio Barone, Baro præcæpit*

hominibus suis quòd iuuent eum, &c. & les Conſtitutions
feodales y ſont formelles, *In uſib. feudor. lib. 1. tit.
quib. mod. feud. amittit. & lib 2. tit. hic finitur lex.* La
cauſe qui fit obliger les feudataires à rendre ces aſſi-
ſtances à leurs Seigneurs, procede d'une couſtume
ou pluſtoſt abus & mauvais uſage, qui a eu cours & a
eſté toleré durant-pluſieurs ſiécles entre les Nobles &
gens d'épée, de décider par le fer leurs differends, &
pourſuivre avec forces & main armée la reparation
des injures receuës, au lieu de ſe pourvoir en Iuſtice,
dont il ſe trouve infinis témoignages & preuves chez
les Autheurs: qui en deſirera, voye Gregoire de Tours
livre 7. chap. 47. livre 10. chap. 27. les Capitulaires
de Charlemagne, qui voulut & ne pût remedier à un
tel deſordre, livre 5. capit. 80. Glaber livre 4. chap. 5.
l'Abbé Uſperg. *in conſtitutionib. Frideric. I.* Mais enfin
cela fut reformé & aboli vers le moyen âge de la troi-
ſiéme race de nos Rois, S. Loüis en fit des Ordonnances, leſquelles n'eſtant pas bien obſervées, &
n'ayant pû encore oſter le mal, Philippes le Bel ſon
petit fils les renouvella & mit en vigueur; elles ſe
liſent dans le livre intitulé, Ly eſtabliſſement le Roy
de France que ly Prevoſt de Paris & Orliens tiennent
en lor Plais: & dans le ſtyle du Parlement part. 3.
chap. 16. *de duello.* & part. 3. tit. 42. *de bellis, guer-*
ris, duellis, & incendijs prohibitis. Auparavant les Seigneurs & Gentils-hommes entre leſquels il y avoit du
démêlé pour la vangeance des offenſes, ou pour
tirer raiſon de leurs droits pretendus, faiſoient mettre
ſous les armes leurs hommes de fief par une eſpece.

de

de Ban, & se livroient combat les uns aux autres, lesquelles guerres & batailles privées sont nommées *feides*
d'où vient le verbe *deffier*, *Beatus Rhenanus Germanica-*
rum rerum lib. 2. feidam, seu faidam, vocabant Franci si-
multatem apertam, qua unus aliquis uni vel pluribus bellum
denuntiat. Mais le grand & veritable Ban & Arriere-
Ban, estoit la convocation des Vassaux & Arriere-
Vassaux pour le service du Roy ; & il se voit des titres
anciens d'investitures feodales portans en termes
exprés la condition de servir avec ceux, qui les bail-
loient, le Roy à la guerre.

En ce Ban ont aussi esté compris & tenus de com-
patoir tous Gentils-hommes, & gens faisans profession des armes, mesme ne possedans aucuns immeubles en foy & hommage ; parce que leur qualité & pré-
rogatives dont ils joüissent, les obligent à employer
leur épée pour la conservation de la Couronne, d'eux-
mesmes, & de leur patrie ; joint qu'autresfois les Nobles seuls ayant droit de tenir des fiefs, l'ancien Ban &
Arriere-Ban estoit toute Noblesse. Les vieilles Chroniques l'appellent l'enseigne ou armée des Nobles,
& il n'eust pas esté honneste ny expedient à l'Estat,
que le changement causé par la vicissitude des temps
en l'ordre & possession des biens, eust dispensé les
Gentils-hommes d'un devoir d'honneur & de necessité, que leurs majeurs ont toujours rendu à la Monarchie ; veu principalement que la meilleure Noblesse
est fondée sur les travaux guerriers & proüesse des
armes.

Outre l'évocation des Nobles & feudataires an-

E

ciennement. Il y a eu une autre espece d'Arriere-Ban,
sçavoir est, l'assemblée des Communes, qui servoient
pendant un temps à leurs propres coufts & dépens; car
lors que la guerre estoit ouverte, en cas de besoin les
bourgeois des Villes & paisans de la campagne estoiét
mandez pour faire un gros d'infanterie en l'armée,
ou afin de garder les frontieres. De ces Communes &
populaces est souvent fait mention dans les histoires
& poësies, *Ordericus Vitalis histor. Ecclef. lib. 8. ad an-*
num 1094. quadragesimali tempore Rex Franciæ & Dux
Normanniæ Brehervallum obsederunt, ibique ferè duobus
mensibus laborauerunt. Illuc Presbyteri cum Parochianis
suis vexilla tulerunt, & Abbates cum suis hominibus, id est,
vasallis coacti conuenerunt. Es grandes Chroniques de
France, *tandis que le Comte de Flandres* (elles entendent
Ferrant) *fut ainsi mené à déconfiture, retourna l'Oriflambe*
de S. Denis, & les compagnies des Communes vinrent arriere,
qui ja s'en estoient allées auant jusques bien prés de leurs
maisons, & specialement les Communes de Corbie, d'Amiens,
d'Arras, de Beauvais, de Compiegne, & vindrent à la
bataille du Roy, là où ils voyoient l'ansseigne Royale au
champ d'azur, & aux Fleurs de Lys d'or. En la Philippide, livre 3.   *digna*

   Laude Medorensis jugi Communia cœpit.
   Agmine non laxo procedere,
                   Ibidem, livre 5.
   Sed jam cum populo miles conuenerat omnis
   Proxima quot poterant loca mittere Francigenarum.
L'appel & mandement general fait aux Communes
de marcher à l'armée, se nommoit Ban & host ban-

ny. Ainſi dit l'outillement au vilain, qui eſt un opuſ-
cule fait ſous le Regne de S. Loüis en la deſcription
des armes d'un Païſan.

> *Si le convient armer*
> *Por la terre garder,*
> *Coterel & haunet,*
> *Et maçuë & guibet,*
> *Arc & lance enfumée,*
> *Qu'il n'ait ſoin de meſlée*
> *Avec luy couchiée,*
> *L'eſpée enroüillée,*
> *Puis ait ſon vieil eſcu*
> *A la parois pendu,*
> *A ſon col doit pendre*
> *Por la terre deffendre*
> *Quand il vient oſt bannie.*

Ce ſecours des Communes eſtoit fort utile, & un
devoir neceſſaire envers l'eſtat, parce qu'avant
deux cent trente ans ou environ, les peuples ne
payoient pas les tailles annuellement, & le fond du
Domaine, ny la finance procedant des gabelles & autres ſubſides, n'eſtoient pas aſſés grands pour lever
& entretenir des ſoldats en nombre ſuffiſant ; c'eſt
pourquoy les Villes & Parroiſſes des Villages eſtoient
tenuës d'envoyer leurs hommes capables de porter les
armes, ſuivant l'ordre qu'ils recevoient de la part du
Roy, lequel uſage a de la conformité avec ce que
nous raconte Ceſar en ſes Commentaires, livre 7.
touchant la police & façon d'agir des anciens Gaulois en temps de guerre. *Cum*, inquit, *Vercingetorix*

Gallici belli princeps selectus Alexiæ obsideretur, consilium
cepit omnem abs se equitatum dimittere & discedentibus man-
davit ut suam quisque eorum civitatem adiret, omnesque,
qui per ætatem arma ferre possent, ad bellum cogerentur :
Galli tamen concilio procerum decrevere non omnes qui arma
induere possent, & Vercingetorix statuerat, sed certum nu-
merum civitati imperandum. Mais apres que la Taille a
esté faite ordinaire, nos Rois ayans ce grand revenu,
ont mis sur pied des Compagnies d'ordonnance, &
Regimens entretenus, & sont en estat de faire des
levées nouvelles quand la necessité le requiert, d'où
vient que depuis ce temps-là on a cessé de se servir
des Communes.

C'est icy où il faut mettre le troisiéme changement
en l'estat du Ban & Arriere-Ban, & la reduction aux
termes où nous le voyons aujourd'huy, ce qui arriva
ainsi qu'il ensuit. Le peuple & particulierement celuy
du plat-pays ayant esté fort vexé & pillé par les bandes de l'Arriere-Ban, & autres Gens d'armes pendant
les divisions des Ducs d'Orleans & de Bourgongne,
& durant trente années de guerre contre l'Anglois,
qui avoient tout mis en trouble & confusion, deman-
da au Roy Charles VII. qu'il luy plûst faire vivre la
gendarmerie avec discipline, deffendre aux soldats
de ravir le bien de leurs hostes, & ordonner qu'ils
fussent tenus de payer à certain taux & prix les vivres
qu'ils prendroient en séjournant & faisant chemin,
moyennant quoy il offrit de frayer à l'entretien &
solde des troupes qui seroient jugées necessaires pour
la deffense du Royaume. Cela fut accepté fort volon-

tiers

tiers; & à cette fin on rendit la taille ordinaire sur les
Parroiſſes des Villages & ſur les Villes non franches,
qui devant n'eſtoit levée qu'extraordinairement, &
és occaſions urgentes. Le Roy à ſon égard fit une
reforme generale de ſa milice, & inſtitua des Francs-
Archers à pied, & des Compagnies d'Ordonnance
à cheval preſque toutes compoſées de Gentils-hommes, comme racontent Maiſtre Alain Chartier &
autres Eſcrivains en l'hiſtoire de ce temps-là. Depuis
les Rois ſes ſucceſſeurs ont levé des Compagnies de
Cavalerie & legions ou Regimens d'Infanterie, ainſi
qu'ils ont trouvé à propos pour le bien & neceſſité de
leurs affaires: Or cét eſtabliſſement fait, le peuple a
eſté déchargé du ſervice & travail de la guerre, à laquelle il contribua déformais de ſes deniers, & par
là finit l'aſſemblée & Arriere-Ban de Communes.

Quant au Ban & Arriere-Ban pour raiſon des
fiefs, il a eſté toûjours entretenu ; neanmoins depuis
l'inſtitution des Compagnies d'Ordonance, où quantité de gens du corps de la Nobleſſe, en la poſſeſſion
de qui ſont la pluſpart des heritages feodaux, prirent
incontinent party, il décheut de ſon ancienne force
& ſplendeur, outre qu'il devint moins neceſſaire, &
l'on cõmença pour pluſieurs cõſiderations de ne convoquer les feudataires que rarement & dans le beſoin;
bien qu'au temps paſſé lors que les Rois dreſſoient
leurs Camps de leurs beneficiers & vaſſaux, ce fuſt un
ſecours ordinaire & la principale puiſſance de l'armée.

Dés quelque temps auparavant, & comme je re-
connois & feray voir au Chapitre 3. durant le Regne de

Charles V I. la forme du Ban & Arriere-Ban eſtoit déja changée, en ce que l'autorité & pouvoir qu'a-voient eu les Seigneurs, de mander & conduire cha-cun ſes vaſſaux, & dont ils abuſoient, leur avoit eſté oſté, & la proclamation & aſſemblée des perſonnes poſſedans heritages en fief, ne ſe faiſoit plus que par le cõmandement, & ſous les eſtendars du Roy, cõme il ſe pratique à preſent. Auſſi eſt-ce une choſe pleine de raiſon, & l'ordre legitime que cela ſoit reſervé à la Majeſté Royale : car le droit des armes luy appartient privativement à tous autres, *l. 3. ff. ad leg. Iul. Majeſtat. leg. unic. cod. ut armor. us. inſc. princip. ſit interdict.* Et c'eſt au Roy ſeul de convoquer tous vaſſaux comme ſou-verain, & le principe de l'emanation des fiefs & arrie-re-fiefs, *à quo omnia feuda procedunt, & ad quem redeunt, ſicut omnia flumina per meatus terræ à mari oriuntur, & in mare recidunt, ut ait Baldus ſuper uſib. feudor. in §. ad hoc. tit. de Allod.*

L'eſſence, origine, progrés & changement du Ban & Arriere-Ban eſtans connus, il faut faire voir par quelques exemples particuliers que nos Rois en ont toûjours uſé, à commencer ſous la premiere lignée juſques au Regne preſent. Les memoires & écrits de l'antiquité nous en fourniſſent des témoignages de temps en temps. Premierement dés le bas âge de la Monarchie Chilperic, allant guerroyer Vvaroch Comte de Bretagne, convoqua l'Arriere-Ban, & la guerre eſtant achevée leva des amendes, qui de là ſont appellées *banni*, ſur ceux qui avoient failly d'y compa-roir, au rapport de Gregoire de Tours, livre 5. ch. 27.

Dehinc Turonici, Pictavi, Bajocaffini, Cenomanici, &
Andegavi cum aliis multis in Britanniam juffu Chilperici
Regis abierunt. & contra Vvarochum filium quondam
Maclavii ad Vicennam fluvium refident; fed ille dolofe fu-
per Bajocaffinos irruens maximam exinde partem interfecit,
poft die autem tertia cum ducibus Regis Chilperici pacem fe-
cit, quod cum factum fuiffet, exercitus ab eo loco remotus
eft; poft hæc Chilpericus de pauperibus & junioribus Eccle-
fiæ bannos exigi juffit pro eo quod in exercitum non ambu-
laffent. En fuite le Roy Sigisbert, lequel par le partage
du Royaume de Dagobert I. fon pere, eut la partie
de France qui regarde vers l'Orient & Midy, nommée
par les Anciens Auftrafie: celle qui eft devers l'Occi-
dent & Septentrion, dite Neuftrie, eftant advenuë à
Clovis II. fon frere, *Author vitæ Sigeberti,* ce que je
fais remarquer comme utile à l'intelligence du paffage
qui va eftre cité, fit auffi endoffer les armes à fes hommes & peuples, pour la guerre qu'il eut avec Radulphe
Duc de Toringe, qui eft une partie de la Marche de
Brandebourg, *Fredegarius cap. 87. Cumque anno 8. Ra-*
dulphus Dux Toringiæ vehementer contra Sigebertum re-
bellandum difpofuiffet, juffu Sigeberti omnes Leudes, id eft
Subditi, Auftraforum in exercitum gradiendum banniti
funt, Sigebertus Rhenum cum exercitu fuo tranfiens gentes
undique de univerfis Regni fui pagis, païs, ultra Rhenum
ad ipfum adunatæ funt. Pendant le Regne de Theodoric, ou Thierry III. du nom, les Sarrafins eftans entrez en France au nombre de quatre cens mille hommes: pour s'oppofer à un ennemy fi redoutable, le
Ban & Arriere-ban fut affemblé par tous les quartiers.

du Royaume, ainsi que rapporte Paul Emile *in historia
de rebus gestis Francorum*, livre 2. *delectus, hoc est vocatio ad exercitum*, dit cet Autheur, *tota Francia habitus,
omnis præcipuè nobilitas in armis erat.* Charlemagne l'a
aussi commandé plusieurs fois, comme nous apprennent divers lieux de ses Capitulaires, dont aucuns
ont esté alleguez cy-dessus. Raoul l'un de ses derniers
successeurs, se disposant à aller combatre les Normans, publia l'Arriere-ban, *Chronicon Frodoardi Presbyteri Rhemensis ad annum* 925. *Radulphus Rex intereà de
Burgundia revertitur in Franciam, & ut se ad bellum contra Nordmannos præparent, Francos banno denuntiat.*
Semblablement le Roy Philippes second, en la guerre
contre les Anglois, ordonna à tous Comtes, Barons,
& Vassaux, de se trouver en armes au lieu designé,
sous peine de felonie, qui est celle qu'encourt un vassal pour avoir negligé de rendre le service militaire
deu à son Seigneur, & se nomme exheredation, c'est
à dire perte & commise de fief, par plusieurs Autheurs
& par celuy que je suis proche de citer, *Mathæus Paris in Ioanne ad annum* 1213. *Tunc Rex Francorum rem diu
desideratam intelligens accinxit se ad pugnam, atque omnes
suæ ditionis homines, Duces videlicet, Comites, Barones,
milites & servientes cum equis & armis jussit in octavis
Paschæ sub nomine culvertagii apud Rothomagum ita po-
tenter convenire, ne crimine læsæ Majestatis damnum ex-
hæredationis incurrere viderentur, vulgariter sub nomine
felonis.* Philippes le Bel en 1314. fit marcher les Vassaux & Arriere-vassaux des Provinces de Brie &
Champagne pour la guerre de Flandre. Enfin les Rois
suivans

suivans en ont usé de mesme, & publié plusieurs Ordonnances sus le fait du Ban & Arrtere-ban. Encore
nagueres noftre grand Monarque a commandé cet
armemens de la Noblesse & Feudataires pour asseurer
davantage ses forces, & conqueftes. Dieu veüille
toûjours benir ses armes, augmenter les triomphes
& victoires, & le couronner de gloire, sont les vœux
que je fais icy avec tous les bons François, ausquels
j'adjousteray la priere que les Chreftiens faisoient anciennement pour l'Empereur, au rapport
de Tertullien en son Apologetique chap. 30. dont
j'emprunteray les paroles, *Precamur illi vitam proli-
xam, Imperium securum, domum tutam, exercitus fortes,
Senatum fidelem, quietas Provincias.*

   Aprés avoir expliqué le droict & establissement du
Ban & Arriere-ban, il reste de voir d'où il a pris son
nom, qui est aussi ancien que la chose mesme, l'evo-
cation de la Noblesse & Vassaux a esté appelée Ban;
dautant qu'elle se fait par semonce & cry public: en
l'ancienne Chronique de Flandres *crier le Ban*, quand
le Prince fait publier que ceux qui sont obligez de
le servir en guerre à cause de leurs Fiefs, ou qualité,
ayent à venir avec armes & équipage la part qui leur
est ordonné: car Ban & Bannie en vieux Gaulois &
Tudesque signifie Proclamat, Edict, Citation. En
ce sens nous disons adjourner à Ban, lors qu'un accu-
sé contumax & defaillant est cité à son de Trompe à
trois briefs jours, & de là doit estre citée l'etymolo-
gie de diverses choses, ausquelles on a donné ce mesme nom simple ou composé: par exemple, les an-

noncés d'un futur Mariage, qui se publient aux Prosnes par les Curez, se nomment Bans de toute ancienneté, en conséquence de ce que c'est un Proclamat fait au peuple de la Parroisse, *le chap. 27. extr. de sponsalib. & matrimon.* écrit à l'Evesque de Beauvais, *quia contingit interdum quòd aliquibus volentibus matrimonium contrahere, bannis, ut tuis verbis utamur, in Ecclesia editis.* Et en fait de Jurisdiction, Banlieuë signifie le destroit & territoire d'une Ville une lieuë à la ronde, au sujet de ce que les Ordonnances du Prevost, Viguier, ou autre Juge y sont proclamées.

Quant au terme d'*Arriere-ban*, tous ne conviennent pas de sa signification. Aucuns estiment que ces deux dictions *Ban* & *Arriere-ban* sont synonimes, pour lequel avis on allegue qu'Arriere ban est un nom corrompu de *heribannus*, ou *heribannum*, dont usent les anciennes Loix Françoises & Germaniques, pour designer la semonce de venir au camp & armée, ou la peine decernée contre ceux lesquels sont défaillans, *Legum Francicarum lib. 4 tit. 71. & 72. Ripuariar. titul. 67. cap. 2. Capitular. Caroli Magni lib. 3. cap. 14* & est composé de *here*, qui veut dire armée en vieux François, Alleman & Anglois, & de *ban*. Tel est le sentiment de Monsieur Cujas en sa Preface sur les Livres des Fiefs, & de Pithou *lib. 2. adversar. cap. ult.* & il semble que quelques Coustumes ayent voulu rendre à la lettre l'*heribannum* quand elles ont appelé la convocation des compagnies du Ban & Arriere-ban *l'host banni*, ancienne Coustume de Normandie chap. 43. *l'host au Prince de Normandie dés le jour qu'il est banni*

prolongé les querelles. D'autres veulent qu'il y ait difference entre Ban & Arriere-ban, en ce que le premier
est dit par eminence des Vassaux du Prince qui rele-
vent nuëment & sans moyen de la Couronne : le fe-
cond se rapporte aux Vassaux des Seigneurs qui jadis
estoient par eux menez au Ban du Roy ; de maniere
qu'à ce sens *Ban* est la convocation que faisoit faire le
Roy : *Arriere ban*, la proclamation & cry public que
le Seigneur appelé au Ban de son Souverain faisoit
faire pour assembler ses hommes de Fief afin qu'ils le
suivissent à l'armée ; & comme aujourd'huy tous pof-
sesseurs de pleins Fiefs & Arriere-fiefs sont semons &
convoquez au seul nom de sa Majesté, & marchent
sous les Baillifs & Chefs qu'elle leur donne : cette af-
semblée s'appele conjointement Ban & Arriere-ban.

A mon égard je tiens qu'*Arriere ban* est un terme
vray & naturel François, neanmoins different de
Ban quant à la chose, si nous le referons au temps où
l'on commença de s'en servir, & à ce qui peut rester
presentement de l'ancien usage : car par Ban estoit
entendue la convocation des Vassaux & Arriere vaf-
saux ordinaire & assez frequente autrefois, lesquels
pour raison de leurs Fiefs devoient servir en l'armée.
L'Arriere-ban fut la semonce & mandement qui se
faisoit en cas d'une necessité pressante de ceux aufquels appartenoient des terres & Seigneuries feodales, qui par clause & loy speciale apposée à leur investiture, n'estoient pas sujettes au service militaire, ou
qui depuis en avoient esté liberées & amorties ; & si
tout cet armement ne suffisoit pas de ceux aussi du

peuple qui estoient propres, à porter les armes, bien
qu'ils ne possedassent aucuns Fiefs affranchis, dont
on choississoit certain nombre : tellement que ce fut
un secours extraordinaire. Pour preuve de ma propo-
sition, je rapporteray trois passages qui le monstrent
evidemment, le premier sera pris de l'Autheur qui a
écrit *de recuperatione Terræ Sanctæ* au chap. 76. *Si vero
Dominus Rex saniori quo potest fungens consilio judicat
omnium debentium servitium, armorum auxilium sibi non
sufficere, potest vocare retrobannium, videlicet primo omnium franca feoda tenentium ; & si sufficiat debet esse con-
tentus, si non sufficiat vocare debet, quatenus secundum ve-
rum & rectum judicium sibi deest, & non ultra, auxilium
populi, id est omnium feoda franca non tenentium.* Le second est un article de certaines Lettres patentes du
Roy Loüis Hutin données en faveur du Comte de
Nevers l'an 1316. au mois de May, contenans ces paroles, *Feodales verò dicti Comitis, & Religiosorum, vel
alios eis immediatè subditos, nisi homines nostri fuerint, &
Religiosos, in ipsorum terra jurisdictione & etiam garda immediatè existentes, ad exercitus nostros venire, vel pro eis
financiam vel emendam nobis præstare nullatenus compelle-
mus : nisi in casu retrobanni, in quo casu quilibet de nostro
regno tenetur : dum tamen hoc de mandato nostro per totum
regnum nostrum generaliter fiat si necessitas fuerit, generalis ;
si autem particularis fuerit, etiam particulariter fieri potest.*
La Charte Normande, qui sont Lettres des Privile-
ges accordez aux Normands par les Rois, imprimée
en fin de la Coustume de Normandie, me fournit la
troisiéme authorisé, *Item quod illi Nobiles aut ignobiles*

qui

qui in oliis & successoribus nostris in guerris & exercitibus terra debent servitia, ipsas persolute, liberi remaneant & communes, nec ulterius per nos aut nostros successores possint cogi inviti ad talia servitia exercitus nobis facienda, nisi in casu quo retrobannum ex causa imminenti rationaliter fieri oporterer. De cecy il paroist à quoy doit estre appliqué la diction *Arriere-Ban* : mais depuis que nos Rois ont eu moyen d'avoir suffisamment de milice sans l'aide des Communes, & que quiconque possede heritage en fief, est tenu sans aucune distinction de servir de sa personne, ou de sa bourse, ce qui ne leur soit en jour qu'extraordinairement & en temps de necessité, dans les Ordonnances faites depuis six à sept vingts ans, & dans les Commissions qu'envoye le Roy pour mander les Nobles & proprietaires de biens feodaux, Ban & Arriere-ban sont tousjours joints & mis promiscuement.

CHAPITRE II.

Des personnes sujettes au Ban & Arriere-Ban, & des Exemples.

NOus sommes déja avertis par le discours fait au precedent Chapitre, que le service du Ban & Arriere-Ban est une charge des heritages feodaux : partant les personnes ayans fiefs, & estans en estat & disposition de porter les armes, doivent servir au Ban & Arriere-Ban, ou en cas de legitime empeschement envoyer homme experimenté en leur place, avec pa-

reil équipage qu'eux-mesmes seroient tenus d'avoir
s'ils estoient presens, & le souldoyer pendant le temps
du service. Souvent aussi ils en sont quittes en contri-
buant une somme de deniers pour le defray de l'Arriere-Ban, comme nous verrons dans le Chapitre
dernier. De ce il y a plusieurs Ordonnances de nos
Rois, comme celles de François I. donnée à Chasteaudun l'an 1545. art. 1. 2. & 4. Henry II. en 1547. art. 4.
& 17. en 1557. art. 1.

Cette obligation d'assister le Roy au fait de la guerre pour raison des fiefs, est commune aux Nobles &
Roturiers; mais de plus les Gentils-hommes & les
gens vivans noblement qui portent l'épée, sont tenus
de venir à la convocation du Ban & Arriere-Ban, encore qu'ils ne possedent aucuns heritages en fief. Outre les anciennes Ordonnances, la Declaration du
Roy Loüis XIII. d'heureuse memoire, donnée à
Chantilly le 30. Juillet 1635. y est formelle en l'art. 16.
dont voila les termes. *Et dautant que sa Majesté a eu avis*
qu'il y a dans son Royaume bon nombre de personnes faisans
profession des armes, & vivans noblement, qui ne possedent
aucuns fiefs; mais ont autres biens en roture ou rentes consti-
tuées, veut & entend qu'ils soient obligés & contraints par
les peines portées cy-dessus de rendre le service du Ban &
Arriere-Ban en personne & équipage requis, s'ils en sont ca-
pables; sinon de presenter pour eux un homme qu'ils seront obli-
gés d'entretenir durant le Ban & Arriere Ban, au mesme
équipage qu'ils seroient obligés de servir.

Certes, autrefois c'estoit le propre devoir des Nobles, parce qu'eux seuls possedoient les fiefs; car les

Roturiers par les anciennes loix du Royaume eſtoient
incapables de cette eſpece de biens, & il ſe voit encore un veſtige de ce droit François dans le ſtile des lettres d'annobliſſement, où il y a clauſe ordinaire por-
tant permiſſion à l'annobly de tenir fiefs ; mais depuis
les Roturiers furent receus à acquerir des heritages
feodaux, ce que l'on croit avoir commencé dans le
temps des Croiſades & guerres côtre les infideles pour
le recouvrement de la Terre Sainte, au ſujet deſquel-
les pluſieurs Seigneurs & Gentils-hommes avec le con-
ſentement du Roy, vendirent & engagerent leurs terres & fiefs aux Roturiers & gens de main-morte, afin
d'avoir dequoy faire le voyage, *multi nobiles tam de*
tranſmarinis quam deciſmarinis partibus poſſeſſiones ſuas &
feuda vendiderunt & impignoraverunt Eccleſijs, & homi-
nibus Eccleſiaſticis, alijſque fidelibus, ut ſibi providerent in
viaticis ad expeditionem hieroſolymitanam, ut ſcribunt Otho
Friſingenſis lib. 1. cap. 35. & Mathæus Paris ad annum
1249. Cette ouverture faite les Non-nobles ſous d'autres pretextes obtinrent la faculté de tenir des fiefs,
qui leur eſtoit accordée moyennant quelque ſomme
de deniers ; mais ſi aucun en acqueroit ſans diſpenſe,
il eſtoit contraint d'en vuider ſes mains. Meſmes és
baux à cens ou rente faits à perſonnes de condition ro-
turiere, il falloit interpoſer la permiſſion & conſente-
ment du Roy, comme monſtre un ancien Arreſt du
Parlement de la ſaint Martin, en 1282. rapporté dans
le ſtile du Parlement part 7 art. 73. avec cette inſcrip-
tion, *Pagani vetiti feuda querere poſſunt partem feudi in re-*
ditum accipere. Auquel je joindray une Charte de l'an

1319. par laquelle le Roy octroye aux Nobles de Perigort de bailler à cens ou rente fonciere aux Roturiers leurs Heritages tenus en fief, *primò concedimus eis de gratia speciali quòd ipsi possint dare & concedere ignobilibus sine deterioratione feudi res eorum feudales ad censum seu in emphyteusim in perpetuum vel ad tempus, imponendo certos reditus obventiones seu redhibentias.* A la fin les Non-nobles se sont introduits eux mesmes en l'acquisition & possession des fiefs; mais le Roy pour cette joüissance leve sur eux de temps en temps une taxe que nous appellons droit de Francs fiefs. Outre cette finance ils sont encore sujets comme detenteurs de terres ou droits feodaux à l'Arriere-Ban, & s'ils ne servent en personne ou par substitut, cela se convertit en une contribution de deniers. Au regard des Nobles soit qu'ils ayent des fiefs ou non, ils doivent marcher en guerre quand ils sont mandés; parce que le Roy les ayant élevé en un ordre au dessus du tiers estat, & gratifié de plusieurs privileges, il est juste qu'ils reconnoissent ces bienfaits par leurs services. Aussi ceux qui font profession des armes ont obligation de les employer & répandre leur sang pour la gloire & defense de la Couronne, l'honneur & salut du Royaume. Une difference est à remarquer entre les Gentilshommes seigneurs proprietaires de terres feodales, & les Roturiers que les Nobles, qui ont des fiefs situés en plusieurs Bailliages, servans en personne au lieu de leur residence, eu égard à la valeur de tous leursdits fiefs, sont censez avoir satisfait au devoir du Ban & Arriere-Ban, & s'ils ne font le service personnelle-

ment

ment, sont obligés de contribuer par tous les Bailla-
ges où leurs heritages tenus en fief se trouvent assis.
Pour ce qui est des Roturiers, encore qu'ils servent
actuellement & en personne, ils ne jouïssent de la
mesme grace, ains contribuent dans tous les Bailla-
ges où ils ont des fiefs, Ordonnance du Roy François
I. de l'an 1545 art. 5. Henry II. 1547. à Fontainebleau
le 9. Fevrier art. 12. & Loüis le Juste du 30. Juillet 1635.
à Chantilly art. 6.

Toutefois il y a des personnes lesquelles, bien que
Nobles ou possedans Fiefs, ne sont sujettes au service &
contribution du Ban & Arriere-ban? Premierement
les Gens d'Eglise en ont exemption, & c'est chose certaine aujourd'huy, neantmoins jadis les Eglises, Monasteres, & Prelats Ecclesiastiques estoient obligez à
cause de leur temporel & heritages tenus en Fief, d'assister le Roy de gens aux temps de guerre, & de mener ou envoyer leurs vassaux à l'armée, & pour la
pluspart, le nombre de soldats qu'ils devoient fournir, estoit reglé, *Constitutio Ludovici Pii de Monaste-*
riis Regni Francorum quæ Regi militiam dona vel solas ora-
tiones debent, relata tom. 2. historiæ Francorum, & in notis
Iacobi Sirmondi ad volum. 2. Concilior. Galliæ. Brevicu-
lū de servitijs militū quæ debētur Duci Normãniæ, ad
calcē historię Norm. quod sic incipit, *Episc. Abricēsis*
debet servitium quinque militum, &c. Vetus Charta inter codices curiæ ratiociniorū asservata, quā se legisse
testatur Chop. l. 2. de morib. And. p. 1. c. 1. tit. 3. ita
ferés in epigrapho *milites & armigeri, & alij qui debēt ser-*
vitium Regi, deinde in cōtextu, *Episcopus Nivernensis mi-*

I

*fis, ducentos milites pro Ecclesia sua. Philipp. lib. 11. ubi
agitur de acie Bovinensi.*

cui quos Medardicus Abbas

Miseras immensa claros probitate clientes.

Voltre mesme un temps fut que les Evesques & autres
personnes Ecclesiastiques portoient les armes, & al-
loient en personne au camp comme les autres sujets
du Prince, dequoy les Papes se sont aucunefois for-
malisez, témoin la lettre du souverain Pontife Ni-
colas I. à Charles le Chauve Empereur & Roy de
France, inserée dans le Decret de Gratian can. 20.
caus. 23. quest. 8. *Reprehensibile valde constat esse, inquit, quod subintulisti dicendo majorem partem omnium
Episcoporum die noctuque cum aliis fidelibus tuis contra
piratas maritimos invigilare, & ob id Episcopi impediuntur
verbis.* En Charlemagne ayant ordonné, à la prière
du peuple, que les Evesques & Prestres n'iroient plus
à l'armée, & demeureroient en leurs Eglises à faire
des prieres pour la prosperité de ses armes, beaucoup
crurent que cela faisoit tort à leur honneur, *Capitular. Caroli Magni lib. 6. cap. 285. & 28. lib. 7. cap. 103.
& 104.* tant l'humeur martiale & guerriere animoit
le cœur des François: en effet, ils ne cesserent pas
long temps à se retrouver aux exploits de guerre, & le
plus souvent ils servoient en personne, mesme on y
obligeoit les grands dénaires Ecclesiastiques. En un
Regiftre du Trefor des Chartes du Roy cotte 18.
*L'an de grace 1224. du Royaume du Roy Loys le premier,
jour de Fefte Saint Jean Baptiste à Tours. Ainsi se departi-
rent de l'oft de mostre Sire le Roy, les Evefques de Constance,*

de Avranches, de Lisieux. Que se nostre Sire le Roy par son
enqueste trouuoit que les Evesques dessusdits, & les autres
Evesques de Normandie ne le deueust en leurs propres
personnes, que ils demeurent quites de l'ost quant aux personnes de euls appartient. Se se il trouue que lesdits Evesques li doient ost en leur propres personnes, iceuls rendrons
ost à nostre Sire le Roy en leurs propres personnes auec l'a-
mande de ce, se ils ne sont personnellement à celuy ost de
nostre Sire le Roy. Au contant de ceste obligation il
s'est veu des Prelats courageux estre des plus avant
dans la mélée, & combattre genereusement contre
l'ennemi: & les Annales nous apprennent que de peur
de tomber en irregularité par effusion du sang hu-
main, ils s'armoient d'une massue pour estourdir &
abbatre seulement leurs adversaires, ainsi que fit Philippes de Dreux, issu de la maison Royale, Evesque
de Beauvais en la bataille de Bouines, *Guillelmus Brito
libr. 11. Philippid.*

> *Nam Belvacensis nec vidit Episcopus Angli*
> *Germanum Regis, qui cum sic viribus ingens*
> *Angligenas longe deducant agnomen ab ensa,*
> *Sternere Drocenses, & damnificare frequenti*
> *Cæde sui fratris acies, dolet, usque [illegible]*
> *Clavam forte manu, [illegible] etiam dissimulato*
> *[illegible] pervestia in summo veruce [illegible]*
> *[illegible] viginti [illegible]*
> *Corporis [illegible] longis [illegible] characteribus [illegible]*
> *Sic plerosque alios clava sternebat eadem,*
> *Militibus super hoc titulum palmamque resignans,*
> *Accusari operam ne forte Sacerdos.*

Gessisse illicitam, cui nunquam talibus inter
Esse licet, ne cæde manus oculosque prophanes:
Non tamen est vetitum defendere seque, suosque
Dum non excedat positos defensio fines.

L'Histoire est pleine d'exemples sur ce sujet, Gregoire de Tours livre 4. chap. 37. fait recit de quelques
Evesques lesquels se trouverent en une bataille que
Mommol Capitaine General de Gontran Roy d'Orleans & de Bourgongne, gaigna contre les Lombards
entrez en France l'an 576. *Fueruntque in hoc prælio Salo-*
nius & Sagittarius fratres Episcopi, qui non cruce cælesti
muniti, sed galea & lorica saculari armati multos manibus
propriis, quod pejus est, interfecisse referuntur. Mais entre
autres est remarquable l'affaire qui arriva sous le Regne de Philippes Auguste à Guillaume de Signelay
Evesque d'Auxerre, & à Manasses Evesque d'Orleans,
dont le temporel fut saisi, parce qu'ils n'avoient pas
satisfait au service du Ban & Arriere-ban, & à la sus-
citation desquels le Pape Innocent III. écrivit au
Roy pour leur faire avoir main-levée, *lib. 1. registri*
Innocentii III. epist. 109. in qua hæc verba leguntur, No-
stris est auribus intimatum quòd tua regalis sublimitas con-
tra venerabiles fratres nostros Antissiodorensem, & Aure-
lianensem Episcopos indignata eorum saisiri fecisti Regalia,
imò etiam quædam alia præter illa, quòd quidam ... m mi-
lites in tuo exercitu constituisti ad locum ... eos ante præ-
ceperas, ... cum aliis noluit ... absentibus iisdem Episcopis
per licentiam à te liberaliter impetratam, &c. Rigord Mede-
cin & Historiographe dudit Roy Philippes, qui a
composé l'histoire de sa vie, rapporte ce fait, &

d'une

d'une autre maniere qu'il n'avoit esté donné à entendre au Pape, & comme il marque aussi l'assistance que
les Evesques devoient au Prince, je juge à propos de
transcrire le passage ; car c'est une belle antiquité,
Cum omnes Barones & Episcopi ad hunc exercitum conve-
nissent apud Medontam, & misissent ad mandatum Regis
homines suos, prout debebant, in expeditionem illam, Au-
relianensis & Altissiodorensis Episcopi cum militibus suis
ad propria sunt reversi, dicentes se non teneri ire vel mitte-
re in exercitum, nisi quando Rex ipse personaliter proficis-
citur ; & cum nullo ad hoc privilegio se tueri possent, ge-
nerali consuetudine contra eos faciente, petiit Rex ut hoc
emendarent ; ipsis autem emendare nolentibus, Rex eorum
regalia confiscavit, scilicet ea tantùm temporalia quæ ab eo
feodaliter tenebant, decimas & alia spiritualia in pace eis
dimittens. Donc les gens d'Eglise, & sur tous les Prelats estoient sujets à l'aide de l'host, pour me servir
de l'ancien langage : neanmoins dans la suite des
temps, parce que le service personnel estoit incom-
mode au Clergé, & que les armes des Ecclesiastiques
sont les larmes de penitence & les prieres à Dieu, il se
fit une espece d'abonnement, les Evesques, Monasteres & Eglises se soûmirent, au lieu d'aller aux armées, de fournir quelque nombre de Gendarmes, &
des charrois pour les munitions de guerre, sur quoy
est fondée l'Ordonnance de Charles VI. publiée l'an
1413. où il est enjoint que les Ecclesiastiques, qui luy
doivent charrois, charettes, & autres services à son
Arriere-ban, fassent ledit service, & y soient contraints par saisie de leur temporel.

K.

Cela est ainsi pratiqué jusques à ce que les Ecclesiastiques ayent esté affranchis & dechargez du Ban & Arriere-ban, laquelle exemption a commencé par des privileges particuliers, qu'ont obtenu aucunes Eglises & Monasteres, de n'estre pas tenus audit Arriere-ban, & enfin l'immunité a esté faite generale. De droict l'Eglise y estoit sujette, à cause que possedant des terres Beneficiales & Fiefs, dont l'institution est militaire, elle devoit pour raison d'iceux porter le fait de la guerre, comme une charge annexée à la chose, *Si Ecclesia accipit feudum tenetur servare, quod servant alii feudatarii*, ce dit Balde sur la loy derniere au Code *fine cens. & reliq. fund. comparar. non poss.* & comme il est porté au chap. 1. *extr. de censib. fundi Ecclesiastici debent servitia suis senioribus*, Gallicè Seigneurs; mais il a esté trouvé raisonnable de dispenser les Ecclesiastiques du service & contribution au Ban & Arriere-ban, tant en faveur de la Religion, & à cause des finances qu'ils ont payé au Roy pour faire amortir leurs heritages, qu'en consideration de ce que depuis cent ans & plus, les Decimes que paye le Clergé, ont esté reduites en devoir ordinaire, outre le secours d'argent & don gratuit qu'ils baillent de temps en temps.

En second lieu les Bourgeois & habitans d'aucunes bonnes Villes du Royaume, par grace speciale de nos Rois, sont exempts de la convocation du Ban & Arriere-ban, lesquels privileges ont esté confirmez en general par quelques Edicts & Declarations, & ordonné que les privilegiez en jouiroient, sinon que pour obvier au peril universel de l'Estat, il soit enjoint

à toutes perfonnes, exempts & non exempts, de fe
trouver audit Arriere-ban. Ordonn. de 1547. art. 27.
de 1553. art. 2. entr'autres Villes celle de Paris a efté
gratifiée de ce paffedroit, que fes habitans ne feroient
tenus d'aller ou envoyer en guerre, & pour cela ne
payeroient aucune chofe du revenu de leurs fiefs. Les
Lettres patentes & Declarations de divers Rois données en leur faveur, ont efté mifes dans la Conference
des Ordonnances, livre 10. tit. 9. Semblablement
les Bourgeois d'Orleans, en reconnoiffance du grand
courage & zele à la confervation de l'Eftat, & defen-
fe de leur patrie, qu'ils monftrerent lors du fiege mis
devant ladite Ville par les Anglois, furent déchargez
de l'Arriere-ban par deux Chartes du Roy Charles
VII. l'une du 16. Janvier 1429. & l'autre du 15. De-
cembre 1437. lequel privilege a efté confirmé de Regne en Regne, & le Roy heureufement regnant leur
a continué la mefme grace, & octroyé à cet effet fes
Lettres patentes au mois de Juin 1643. qui ont encore efté fuivies nouvellement d'un Arreft du Confeil
d'Eftat en datte du 6. Aouft 1673. confirmatif de l'e-
xemption du droict des Francs-fiefs, & fervice de
l'Arriere-ban, & des autres privileges donnez aufdits
habitans.

Joüiffent auffi de la difpenfe du Ban & Arriere-
Ban, Meffieurs du Confeil Privé du Roy refidens
prés de fa Perfonne, les Maiftres des Requeftes ordi-
naires de l'Hoftel, les Notaires & Secretaires du Roy,
Maifon & Couronne de France, les Domeftiques &
Commençaux de la Maifon du Roy, de la Reine, des

Enfans de France, Oncles & Tantes des Roys, disent les Ordonnances anciennes d'Henry II. 1547 art. 14. 1553. art. 20. 1557. art. 1. & 2. la Declaration de l'an 1639 art. 15 met au mesme nombre les Officiers de Monseigneur le Prince de Condé.

Ceux qui servent actuellement sa Majesté à l'armée, soit en qualité d'Officiers de Cavalerie ou Infanterie, soit comme simples Cavaliers & Soldats enrollés, sont exempts du service & taxe pour raison du Ban & Arriere-Ban, en rapportant bons Certificats comme ils sont dans les Trouppes, & employés sur les Rôlles des Montres, & en satisfaisant à quelques autres conditions portées par les Edicts & Ordonnances, specialement par la Declaration du Roy deffunt, du mois de Juillet 1639. art. 15. & le reglement pour la convocation des Nobles & tenans Fiefs, donné à Versailles en Janvier 1639. art. 1. 2. & 4. & le mesme Reglement en l'art. 3. veut aussi que les enfans non mariés qui servent dans la milice, excusent leurs peres du Ban & Arriere-Ban, à la charge neanmoins qu'ils seront obligés de rendre service actuel és Trouppes où ils auront pris party, tant qu'elles seront sur pied, faute de quoy lesdits peres demeureront sujets aux peines ordonnées contre les défaillans à l'Arriere-Ban.

Pareillement j'ay appris que par l'Arresté & Resultat fait sous le bon plaisir de sa Majesté, par les Gouverneurs & Intendans des Provinces, lors de la derniere assemblée du Ban & Arriere-Ban, les Lieutenans Generaux & Particuliers des Senefohaux & Baillifs, ensemble les Gens du Roy, pardevant & en presence desquels

quels est faite la convocation des Nobles, & gens possedans Fiefs, ont esté mis au nombre des exempts.

La Declaration du Roy François I. donnée à Chastellerault, en Juin 1541. exempte du Ban & Arriere-Ban Messieurs du Parlement de Paris.

Les Capitaines & Gardes des Costes, Isles, Ports & Havres, ensemble les Capitaines, Commissaires & Controolleurs de la Marine, & autres Officiers couchez en l'Estat d'icelle, sont rendus francs & quittes de l'Arriere-ban, par Edict du Roy Henry III. à Paris en Mars 1584. au ...

Je ne passeray pas icy sous silence que les Docteurs Regens des Universitez, & particulierement de la Faculté du Droict, en ont toûjours esté exemptez en faveur des Lettres, & pour l'utilité qui revient au public de leur travail; joint qu'ils font partie du corps de l'Eglise qui est privilegié. Ainsi les Empereurs Romains ordonnerent que les Professeurs publics és Universitez ne seroient pas contraignables au service de la guerre, comme il se voit en la loy 3. ro. 16. *Cod. Theodosian. de Medic. & Profess.* & les Privileges accordez par la bonté de nos Rois aux Docteurs de l'Université d'Orleans, des declarent en termes exprés exempts de toutes taxes & contributions pour le fait de la guerre, & portent qu'ils jouiront des franchises & immunitez contenuës au corps de Droict.

CHAPITRE III.

Pardevant qui doit estre faite la convocation du Ban &
Arriere-ban, & à qui en appartient la conduite.

SOus la premiere lignée de nos Rois, & une partie de la seconde, les Commissaires departis dans
les Provinces, qui se nomment *Missi dominici*, soi-
gnoient à la convocation du Ban & Arriereban. Ces
personnages estoient des Seigneurs de marque, que
le Roy envoyoit en plusieurs endroits du Royaume
pour y avoir l'intendance & commandement de la
Justice, Police, Finance, & discipline militaire; &
daurant qu'ils partoient de la Cour, & d'auprés de la
personne du Prince, ils sont appelez par plusieurs
Ecrivains *Legati à latere*, *Legati Regales*, dans les Capitulaires de Charles le Chauve livre 3. capit. 12. & és
formules de Marculphe, livre 1. formul. 40. *Fideles*
ac Creditarii à latere par Aymoin livre 4. chap. 10.
Le fait de leur commission consistoit, en visitant les
Provinces qui leur avoient esté commises, à s'enque-
rir de l'estat de toutes choses, comment se compor-
toient les gens d'Eglise, si les Ducs & Comtes, qui
lors furent les principaux Juges, & leurs Officiers ad-
ministroient bien & loyaument la Justice, connoistre des torts & griefs par eux faits, & sans appel : veil-
ler à l'execution des mandemens du Roy, maintenir
les droicts du Domaine, oüyr les plaintes & remon-
strances de ceux qui reclamoient leur secours, & au-

thorité contre l'oppression de leurs ennemis ou personnes puissantes, reformer les abus, punir les crimes,
& generalement pourvoir au bon ordre de la Province, paix & tranquilité publique, & où l'affaire estoit trop difficile à regler, ou de haute consequence, la renvoyer au Roy avec une relation fidele,
ou à ses grandes assises, que l'antiquité nomme *Mal-
lum Regis*, & nous aujourd'huy Conseil du Roy. Cette description de la charge des Envoyez, que nous
voyons maintenant revivre en la personne de Messieurs les Intendans és Generalitez de France, est tirée
& recueillie au vray de l'histoire & Ordonnances de
nos anciens Rois, *scilicet ex Capitularib. Caroli Magni
& Ludovici Pii lib.* 2. *cap.* 18. 19. 25. 26. 27. 28. *lib.* 3.
cap. 17. 18. 80. 82. 83. 84. 85. *lib.* 4. *cap.* 44. 56. 66.
Capitular. Lotharii & Caroli Calvi ad Valentinianas cap.
1. *vita Ludovici Pii apud Adhemarum & continuatorem
Aymoini lib.* 5. *cap.* 10. *Flodoardo historiæ Rhemensis lib.* 1.
cap. 18. ausquels je joindray un passage du Poëte Sa-
xon, qui florissoit au temps de l'Empereur Arnoult,
& lequel a écrit les Annales de Charlemagne en cinq
Livres de vers, livre 4.

 Italiæ fines linquens Augustus Aquensem
 Expetiit sedem, mansitque quietus hoc anno.
 Perque sui partes regni direxerat omnes
 Legatos, ses Commissaires departis, *æquo legum*
  moderamine mandans,
 Iustitias facere, & varias componere leges,
 Reddere jus civile bonis, terrere malignos.

Outre ce que nous avons dit & prouvé appartenir

à la fonction des *Missi dominici*, il estoit encore de leur office de procurer la convocation du Ban & Arriere ban, lors qu'il avoit esté mandé par le Roy : prendre garde à ce que ceux qui y estoient sujets, vinssent au lieu assigné, mulcter d'amendes les defaillans : & comme autrefois tous les sujets du Roy capables de servir estoient tenus de marcher à l'armée, ils faisoient dresser un estat & Roolle des personnes habiles au mestier de la guerre, Charlemagne en ses Capitulaires livre 4. addition 4. cap. 28. *de Heribanno uti diligenter inquirant, Missi nostri qui hostem facere potuit, & non fecit, ut Bannum nostrum componat.* Loüis le Debonnaire en son Capitul. 3. cap. 7. raporté par le Pere Sirmond tom. 2. des Conseil de l'Eglise Gallicane, *Volumus atque jubemus ut Missi nostri diligenter inquirant quanti liberi homines in singulis comitatibus maneant, hinc verò ea diligentia, & haec ratio examinetur per singulas centenas, ut veraciter sciant illos usque describant, qui per se exercitalem ire possunt expeditionem.* Charles le Chauve *in capitulis apud Tusiacum* cap. 17. *Missi nostri de ipso missatico providentiam habeant qualiter unusquisque Episcopus, vel Abbas, seu Abbatissa cum omni plenitudine & necessario hostili apparatu, & ad tempus suos homines illuc transmiserit cum Cunfanonario, id est Vexillifero.* Le mesme Roy *in edicto Pistense* cap. 27. *Missi nostri diligenter inquirant quanti homines liberi in singulis comitatibus maneant qui per se possint expeditionem facere, vel quanti de his quorum unus alterum adjuvet, & eorum summam ad nostram notitiam deferant.* Des authoritez alleguées il paroist que les envoyez du Roy presidoient à faire

l'assemblée.

l'assemblée du Ban & Arriere ban.

Pour la marche elle se faisoit sous la conduite des
Ducs, Comtes & autres Commandans, & Officiers
establis par les contrées, & nommez *Vassi* ou *Seniores*,
qui estoient aussi obligez de se trouver en leurs quartiers & compagnies, *Capitular. lib. 3. cap. 73. lib. 4. cap.*
70 & in Appendic. 2. cap. 35. lib. 7. addit. 4. cap. 84.
Gregorius Turonensis lib. 6. cap. 31. commemora-
tionem faciens belli inter Reges Chilpericum & Gun-
tramnum orti, *Berulphus vero Dux cum Turonicis, Pi-*
ctavis, Andegavisque, atque Nanneticis ad terminum
Bituricum venit. Adnunciatio apud Pistas cap. 26. *Vt*
pagenses Franci, qui caballos habent, vel habere possunt,
cum suis comitibus in hostem pergant. Charta privilegio-
rum à Ludovico Pio Imperatore concessorum Hif-
panis qui ad ipsum Sarracenorum metu confugerant,
eosdem homines sub protectione & defensione nostra receptos
in libertate conservare decrevimus, eo videlicet modo ut sicut
cæteri liberi homines cum comite suo in exercitum pergant.

Ces choses prirent un autre train quand la famille
de Charlemagne commença à decliner, & lors de la
translation du Sceptre François en la troisiéme race:
car les Ducs & Comtes qui estoient des Officiers par
Commission pour l'exercice de la Justice, Armes &
Finance, s'estans élevés sur les ruïnes de l'autorité
Royale, usurperent leurs Charges & Gouvernemens
en propre, rendirent leurs Jurisdictions patrimonia-
les, & de plus obtinrent qu'il ne seroit plus envoyé
dans leurs terres & détroits d'Officiers & Comissaires
de la part du Roy. De cette maniere finirent les *Missi*

Dominici; mais en leur place nos Rois dans les Villes &
Provinces , qui leurs demeurerent en plein droit,
comme aussi à mesure que quelque Païs retournoit à
la Couronne par confiscation, mariage, deherance,
achapt ou autrement, y establirent des Baillifs & Senéchaux ; ausquels fut attribuée la jurisdiction des
cas Royaux, & connoissance de l'appel interjetté des
Sentences renduës par les Juges, des Ducs, Comtes
& Seigneurs ; ces mesmes Officiers gagnerent peu
à peu de tenir leurs assises dans les Seigneuries & Ju-
stices subalternes , & y exercer d'autres fonctions ; ce
qu'ils n'oserent neanmoins faire d'abord que contre
les plus foibles ; mais à la suite du temps, & entr'autres pendant l'absence & voyages des Grands du
Royaume au Levant lors des Croisades, les Iuges
Royaux augmenterent leur pouvoir & ressort, qui fut
un sujet de plainte du costé des Seigneurs, & les Rois,
qui n'avoient pû encore bien restablir leur legitime
authorité, & reprimer entierement les usurpations
desdits Seigneurs, sur leurs remonstraces ne refusoient
pas de leur faire raison. A cet effet Saint Louis, aprés
son retour du voyage d'Outre-mer, fit un reglement
pour cela, & autres choses, rapporté en l'histoire de
sa vie écrite par Guillaume de Nangis Moine de
Saint Denys en France, au chapitre de *ordinatione quam
fecit divus Ludovicus post reditum suum de ultramarinis
partibus*, & transcrit dans la compilation des Ordonnances de Fontanon tom. 1. livre 2. tit. 1. lesdits Baillifs & Senéchaux, outre les affaires de Justice, eurent
encore la direction & collecte des deniers publics, &

le maniment des armes, en vertu de quoy ils s'entre-
mirent du Ban & Arriere-Ban, comme ayant succedé
en partie à l'employ des Commissaires départis dans
les Provinces, qui s'estoient retirés au Conseil du
Roy, & y faisoient la Charge de Maistres des Reque-
stes, en partie à l'administration des premiers Ducs &
Comtes ; ainsi leur puissance & jurisdiction estoit
fort considerable, jusques-là qu'elle devint suspecte,
& de peur qu'ils ne s'elevassent trop, on s'avisa de dé-
membrer leur Office, l'exercice de la Justice fut trans-
feré à leurs Lieutenans Generaux, & il ne leur est
resté que l'honneur de l'intitulation des Sentences
qui s'inscrivent en leur nom, & le seance au Siege
& Plaidoirie ; sans avoir neanmoins voix delibera-
tive : les Finances en furent aussi divisées pour y
commettre des Receveurs du Domaine, & autres
Financiers. Enfin on leur osta le commandement des
armes par la creation des Gouverneurs, ausquels il a
esté transmis, & à ce regard il n'est demeuré pardevers les Baillifs & Senéchaux, que la Commission
de convoquer le Ban & Arriere-Ban, & la conduite
d'iceluy, qui leur ont esté conservés comme marque
de leur ancien pouvoir. Sont deux points apparte-
nans à nostre matiere, & desquels il convient traiter.

Au commencement en temps de guerre les Seigneurs d'eux-mesmes faisoient assembler leurs hommes de fief, & les menoient à l'armée. Depuis les
Rois voulurent que leurs Baillifs & Senéchaux in-
terviussent en la convocation du Ban & Arriere-Ban,
& à ce sujet Charondas livre 1. des Pandectes du Droit

François chap. 20. dit avoir leu en une vieille histoire
parlant de Huës Capet, que ce Prince pour soulager
les Barons de France & leurs sujets, ainsi comme il di-
soit, ordóna que par l'advis des Baillifs & Senéchaux,
ausquels il commanda de resider en leurs Provinces,
les Barons leveroient leurs bannieres, lesquels auparavant faisoient sous leurs bannieres, & de leurs privées
authoritez, assembler leurs Vassaux. Toutefois cela
n'empêcha pas que durant une Anarchie, laquelle a
duré longues années, plusieurs Seigneurs ne s'inge-
rassent d'eux-mesmes des convoquer leurs Vassaux,
specialement pour leurs querelles & guerres particulieres, jusques à ce que ces petits tyrans, qui faisoient les Maistres dans les Provinces, ayent esté ran-
gez au devoir & à la raison ; mais quand le bon ordre
a esté estably, & gardé, il ne s'est rien fait sans le
mandement & authorité du Roy, & les Lettres
Royaux concernant la convocation du Ban & Arriere-ban, ont esté envoyées aux Baillifs & Senéchaux,
afin de les faire publier chacun en son ressort, & pre-
sider à l'assemblée : Voicy une exemple, Philippes le
Bel en 1314. ordonna le Ban de la Noblesse & Feudataires de Champagne & Brie pour la guerre de Flandre, & la Commission qu'il envoya à cet effet fut ad-
dressée au Bailly de Meaux, laquelle se voit encore
parmy les titres du Thresor Royal. Aussi les Edicts
& Declarations donnez sur cette matiere depuis cent
trente ans, portent que les Lettres pour la convocation du Ban & Arriere-ban, seront addressées aux
Sieges principaux des Bailliages & Senéchaussées, &

que

que la comparution & monſtre des Nobles & Vaſſaux
feront faites auſdits Sieges par les Baillifs, ou leurs
Lieutenans, en preſence des Advocats & Procureurs
du Roy. Ordonn. de François I. à Chaſteaudun en
May 1545 art. 1. Henry II. 1547. art. 8. & 1553. art. 9.
Loüis X I I I. 1635 art. 1. & 2. Il y a auſſi quelquefois
des ordres conjointement aux Gouverneurs des Provinces pour ladite convocation, ainſi qu'il plaiſt au
Roy, & nous en avons l'experience en la declaration
de l'année derniere. De plus l'Ordonnance de Cre-
mieu art. 3. donne aux Baillifs & Senéchaux la con-
noiſſance des differends meus à cauſe du Ban & Arriere-ban.

Pour ce qui eſt de la conduite du Ban & Arriere-
ban, aux temps paſſez les Vaſſaux marchoient ſous
leurs Seigneurs, & eſtoient par eux commandez à la
guerre, chaque Seigneur puiſſant faiſoit une compagnie qu'ils appeloient Banniere, & encore ceux de
leurs Feudataires, qui avoient aſſez d'Arriere-vaſſaux
dependans de leur Fief pour former une Compagnie,
levoient auſſi Banniere, & avoient leur bande à part,
à laquelle le premier Seigneur commandoit par deſſus eux, à l'inſtar du Colonel, ou Meſtre de Camp
d'un Regiment, qui commande à pluſieurs Compagnies par deſſus les Capitaines d'icelles; c'eſt pourquoy l'eſtat & denombrement des grandes Seigneuries portoit combien elles pouvoient faire de Bannieres. Ainſi en une cauſe plaidée au Parlement le 27.
Fevrier 1447. eſt dit que le plus grand Vaſſal, & premier du Comté de Poictiers eſt le Vicomte de Thoars,

qui a sous luy 32. Bannieres, au rapport de du Tillet, titre des Chevaliers. De là procede que les vieilles histoires font souvent mention des Seigneurs qui ont fervi en l'armée avec leurs Vaffaux. Guillaume le Breton en fon ouvrage intitulé la Philippide, faifant recit des preparatifs de guerre & forces dont fut compofée l'armée du Roy Philippes II. en la bataille de Bovines, met au nombre plufieurs Seigneurs qui avoient leurs bandes de Vaffaux, livre 10.

Hinc Sancti Thomas galerici nobilis hæres
Gamachii dominans, vicófque & plurima fub fe
Caftra tenens, clarus dominatu, clarior ortu,
Quinquaginta parat equites in bella, clientes, id eft
    vafallos,
Mille bis audaces animis & robore fortes,
Et quid Galterum juvenem, quid Bartholomæum,
Quid Garladenfem, Guillelmum Mufa tacemus
Hi fiquidem reliquis Regi focialibus adfunt
Confilioque juvant, & bellatoribus ipfum.

En un vieil Regiftre mis au jour par du Chefne tom. 5. de l'hiftoire des François, contenant les noms des Chevaliers & Efcuyers, lefquels à caufe de leurs Fiefs & Seigneuries, vinrent affifter le Roy Philippes le Hardy marchant en guerre contre le Comte de Foix l'an 1271.

Milites bannerii Regis Navarræ.
Comes de Pontis venit ad mandatum Regis cum 12. *militibus,* c'eft à dire Chevaliers, ainfi qu'on parloit en ce temps là, *quorum tres erant Bannerii* (eftoient Banneres,) & partant avoient fous eux une com-

pagnie de gens de guerre) *videlicet Iohannes de Ni-*
gella, filius ejus vice-dominus de Pequeny, & Guillel-
mus de Poix, &c.

Milites Seneschalliæ Pictavientis.
Dominus Sabrandus dictus Chabot dicit quod non debet
servitium (nempe militiæ ob feudum) Domino Re-
gi, nisi in Comitatu Pictaviensi: tamen venit ad man-
datum Regis cum tribus militibus & duodecim scutife-
ris, &c.

Mais nos Rois confiderans qu'il y avoit de l'incon-
venient, & une perilleuse confequence de laiffer la
force & commandement militaire entre les mains
des Sujets, & mefme que plufieurs s'emancipoient
de convoquer leurs feudataires fans participa-
tion des Officiers Royaux, firent fi bien peu à peu,
& avec le temps, que non feulement ils empefcherent
les Seigneurs d'evoquer leurs vaffaux de leur propre
authorité, mais encore leur en ofterent la conduite;
ainfi faifant ils ont retiré pardevers eux toute la puif-
fance des armes comme eftant un droict Royal. Il y a
fur ce fujet une Ordonnance du Roy Charles VI. en
1413. mife en la Conference des Ordonnances livre
11. titre 5. de l'Art & Police militaire, de laquelle je
rapporteray le texte, *Ordonnons qu'il foit publié à fon*
de Trompe & cry public, fur peine de confifquer corps &
biens, que quelconque perfonne de quelque eftat qu'il foit,
Baron, Chevalier, ou autre, ne voife en armes au man-
dement de quelque Seigneur, finon au mandement de Nous
& de noftre fils, & de noftre bien aimé Coufin le Comte
de Saint Pol Conneftable de France. Noftre intention n'eft

pas que les Vaſſaux des Ducs de Berry *&* Lorraine ne puiſſent venir devers eux toutes *&* quantes-fois qu'ils ſeront mandez, *&* pour eux employer à noſtre ſervice.

Au lieu des Seigneurs, la charge de conduire & commander en l'armée les trouppes du Ban & Arriere-ban a eſté attribuée aux Baillifs & Senéchaux, ils ſont chacun en leur détroit Capitaines nez de la Nobleſſe & gens tenans Fiefs, pourveu qu'ils ſe trouvent eſtre de la qualité requiſe ; ſinon en doit eſtre choiſi par le Gouverneur de la Province entre les Gentils-hommes du Bailliage : & où il n'y a pas de Gouverneur, ſont commis & ordonnez par ſa Majeſté : comme auſſi pareillement au cas que le Baillif ou Senéchal, pour quelque legitime empéchement, ne puiſſe faire cette fonction, ainſi que diſpoſent les Ordonnances, Edict de François I, en 1547. art. 3. Ordonnance de Blois art. 219. la Déclaration du Roy defunt en 1635 art. 11. & 12. Cela ſe pratique de la maniere à l'égard du Ban & Arriere-ban de châque Bailliage en particulier. Quant au gros & corps de tous les Nobles & Vaſſaux aſſemblez au rédés-vous de divers païs du Royaume, il eſt commandé par un perſonnage digne de telle commiſſion, duquel le Roy fait choix. Autrefois il y avoit un Capitaine general en titre d'office du Ban & Arriere-ban ; mais il fut ſupprimé aux Eſtats de Blois.

CHAPITRE IV.

En quel équipage, & avec quelle suite on doit servir au Ban & Arriere ban, & combien dure le service.

LE Service du Ban & Arriere-ban deu par la Noblesse & tenans fiefs, se fait ordinairement à
cheval : on allegue à ce propos le §. *si duo. versic. cum
equis & armis tit de fratribus de novo, Beneficio investiris
lib. 2. feudor. ex quo Interpretes vulgò colligunt militiam
feudalem esse equestrem* ; certes, aucunefois il a esté ordonné que les Nobles & Vassaux iroient sur un Cour-
taut jusques au camp & armée, & là estans se met-
troient à pied, comme il se pratiqua en la convocation de l'Arriere-ban faite par François I. en 1545.
pour recouvrer la Ville de Boulongne, que les Anglois avoient occupée ; mais il y eut une raison parti-
culiere d'en user ainsi, sçavoir est la rareté des foura-
ges en ces lieux-là, qui n'eussent pû suffire à nourrir
un grand attirail de chevaux : & la Declaration dudit
Roy allegue nommément cette cause ; car l'ordre
commun est de rendre en estat de Cavalier l'assistance au Ban & Arriereban, & les Ordonnances Royaux
en disposent ainsi : d'où vient qu'en Gascongne & ailleurs, l'Arriere-ban se nomme Chevauchée en l'ost,
& Cavalcade.

Pour ce qui est du train & armure, les anciennes
concessions & investitures feodales pour la pluspart
portoient en termes exprés comment le Vassal devoit

O

estre équippé, & si c'estoit un Fief considerable, de quel nombre d'hommes il devoit estre accompagné pour la guerre. Au pied du Livre dans lequel sont compilez les anciens Autheurs de l'histoire des Normans, il y a un denombrement de tous les Fiefs de Normandie avec le service, dont ils estoient redevables au Roy & Duc, reglé pour le nombre de combattans que les possesseurs d'iceux estoient obligez mener ou envoyer lors de la convocation de l'Arriere-ban, & pour le genre d'armes desquelles il leur convenoit estre revestus : j'en rapporteray quelques lambeaux par forme d'exemple.

Baillivia Falaisiæ.

Mareschallus debet pro Argentono quinque milites.

Comes Robertus de Alençon triginta milites de feodo Normanniæ, & decem de feodo Cenomanensi.

Feoda militaria de Baillia Rothomagensi.

Stephanus de Longo-Campo duos milites de honore Challiaci.

Renaudus Ruffus servitium cum plenis armis.

Baillia Lexoviensis.

Episcopus Lexoviensis viginti milites.

Henricus de Ferreriis quinque milites.

En ce mesme volume il y a un estat dressé par Provinces de tous les Seigneurs & Chevaliers de France qui avoient Banniere, c'est à dire une trouppe de Vassaux & hommes suivans leurs enseignes, au temps du Roy Philippes Dieu-donné. Pareillement dans le Roolle de ceux qui vinrent à un Arriere-ban publié sous le Regne de Philippes le Hardy, il est porté en plusieurs endroits combien d'hommes devoient estre fournis par des Vassaux qui y sont dénommez, il porte cette inscription *nomina militum & armigerorum, qui venerunt in exercitum Philippi III. Regis apud Apamaiam cum adversus Comitem Fuxi profectus est,* & en suite

    Milites Ballivæ Parisiensis.

Iohannes de Trie, Henricus de Trie, pro Comite de Domnomartino, qui debet duos milites pro terra sua de Moncio, &c.

    Milites Ballivæ Gisortii.

Guido de Laval debet servitium duorum militum & dimidii pro terra sua de Aguigny, &c.

    Milites Senescballiæ Pictaviensis.

Aimericus de Rocheohaüart Armiger debet homagium Regi & servitium per quadraginta dies in comitatu cum se tertio milite, &c.

Au mesme propos du Tillet en son Recueil de la Grandeur des Rois de France, titre des Chevaliers, & de l'Ordre du Roy, & Ordre de Chevalerie, rapporte que Geoffroy Comte de Lincanges fit hommage à Philippes de Valois de deux cens livres de rente, à prendre sur le Trefor du Roy, à la charge de le servir avec vingt hommes d'armes.

Où les infeodations & adveus n'expriment pas le genre & quantité d'équipage & suite, cela s'estime par la qualité des fiefs, mesme les especes differentes de fiefs ont tiré leur denomination de l'estat auquel doit servir le vassal: car aucuns sont de Banniere, autres de Haubert, & d'autres de simple Escuyer, &

ceux qui les tiennent sont tenus d'estre montés de chevaux, armés, & suivis suivant la condition de leur Terre & Seigneurie.

Le fief banneret, *feudum vexillare*, oblige celuy auquel il appartient, d'avoir une bande de Cavaliers combattans sous son estendart; c'est pourquoy pour faire eriger une terre en banniere ou la relever, il falloit qu'il y eust 25 Vassaux en dépendans, ou selon quelques coustumes dix, & avoir moyens à suffire pour entretenir une Trouppe de gens à cheval, ainsi que nous donne à entendre Messire Olivier de la Marche, en ses Memoires touchant la vie & affaires des derniers Ducs de Bourgongne, au Camp du Duc *de Bourgongne, dit il, prés Rupelmonde contre les Gantois bannerez. Messire Loys de la Viefville sieur de Sains, releva Banniere, & le presenta le Roy d'armes de la toison d'or, & ledit Messire Loys tenoit en une lance le Penon de ses pleines armes, & dist ledit toison, monstres redouté & souverain Seigneur, voicy vostre humble sujet Messire Loys de la Viefville issu d'ancienne Banniere à vous sujette, & est la Seigneurie de leur Banniere entre les mains de son aisné, & ne peut ou doit sans mesprendre porter Banniere, quant à la cause de la Viefville, dont il est issu, mais il a pour partage la Seigneurie de Sains, anciennement terre de Banniere, parquoy il vous supplie consideré la Noblesse de sa nativité, & les services faits par ses Predecesseurs, qu'il vous complaise le faire Banneret, & le relever en Banniere, & il vous presente son Penon armoyé suffisamment, accompagné de 25 hommes d'armes pour le moins, comme est & doit estre l'ancienne coustume. Le Duc luy répondit, que bien fust il*

venu

venu, *& qui volontiers le feroit.* Messire Iacques sieur des
Harchies en Huynault se presenta aussi devant ledit Duc
estant en son du Camp, *& porta son Pennon suffisamment accompagné de gensdarmes siens & d'autres qui l'accompa-
gnoient:* Celuy Messire Iacques requist qu'il le fist Banneret en la Seigneurie de Harchies, luy estant fort vaillant
Chevalier, & les siens ayans honorablement servi aux guerres, il luy fut accordé, & fut fait Banneret. Pour cette
mesme cause qu'un Banneret est obligé d'entretenir
& avoir sous luy certain nombre de gens avec train &
équipage sortable, un Chevalier aspirant au Banne-
rage parle ainsi chez Froissart, au premier Livre de
son Histoire, *Monseigneur veescy ma Banniere, je la*
vous baille par telle maniere qu'il vous plaise la devolopper,
& qu'aujourd'huy je la puisse lever: car Dieu mercy j'ay
bien de quoy, terre & heritage pour tenir estat ainsi comme
appartiendra. A plus forte raison les Barons, Comtes,
Marquis, qui sont des ordres de Seigneuries au dessus
des simples Bannerets, estoient tenus de faire une
Compagnie; mesmes les plus riches & grands Ter-
riens en mettoient plusieurs sur pied. Les uns & les
autres anciennement conduisoient chacun leurs
hommes & Vassaux sous leurs enseignes armoyées de
leurs armes, & semées de leurs cris ou devises, ceux
qui n'estoient pas en puissance de lever Banniere se
joignoient à celle d'autruy. Toutes ces Bannieres au
commencement furent de forme quarrée, & telles
que nous voyons encore aujourd'huy celles des Eglises; mais depuis les Barons pour se distinguer des simples Bannerets, mirent une queuë à leur Banniere, la

transfigurant ainsi que sont presentement les Cornettes de Cavalerie, & la quarrée demeura au Banneret, pour raison de quoy en un Plaidoyé du Comte de Laval des 3. & 7. Juin 1400. duquel est fait mention dans l'Indice de Ragueau, en l'explication de ce mot *Bannerets*, un Chevalier, qui avoit nouvellement levé Banniere, est appelé le Chevalier au Drappeau quarré. Mais ces levées de Vassaux par bandes & distinction de Seigneurs, & la vogue qu'ils eurent durant plusieurs siecles, s'abolirent lors de l'institution des Compagnies d'Ordonnances ; comme a remarqué du Tillet au lieu allegué cy-dessus. J'ay déja fait observer au Chapitre precedent que cela commença dés auparavant à decliner & à s'aneantir.

Le Fief de Haubert doit un homme armé de pied en cap, partant monté sur un bon cheval, & accompagné de quelques Valets, lequel harnois & équipage s'appele armes pleines. La Coustume ancienne de Normandie, où il y a quantité de tels Fiefs, chap. 85. le regle conformément à l'usage commun en ces termes, *Celuy qui tient Fief de Haubert, doit servir son Fief par pleines armes, par le cheval, par le haubert, par l'escu, par l'espée, par le heaume*, & c'est de cette forme de service que le Fief de Haubert a pris son nom, *Cujacius in Commentario ad lib. 1. feudor. tit. 9. ait, Gallis* Fief de haubert *sic dictum ab armorum genere quo Regi possessor ejus servire debet.* Hotomannus in Dictionario verborum feudalium *hauberticum feudum Gallica lingua dicitur pro loricatum ; id est datum vasallo ea conditione, ut ad edictum loricatus seu*

cataphractus præsto sit : car haubert, qui est aussi dit
haubergeon, signifie une armure du corps ou cuirasse
faite de petites écailles, ou bien d'annelets joints &
passez l'un dans l'autre, & appliquez sur du cuir, d'où
vient le Proverbe François, *De maille à maille on fait
le haubergeon :* les Autheurs Latins le nomment *lorica,*
Virgilius.

Loricam consertam hamis, auroque trilicem.
Silius Italicus lib. 5.

Loricam induitur, tortos huic nexilis hamos.
Ferro scamma rudi, permistòque asperat auro.
& Varron *lib. 4. de lingua Latina,* écrit que cet habillement a esté inventé par les Gaulois, *Lorica à loris*
quòd de corio crudo pectoralia faciebant, posteà succuderunt
Galli è ferro sub id vocabulum ex annulis ferream tunicam.
Nous l'appelons vulgairement une cotte de maille :
or comme l'armure qui couvre cette partie, laquelle
se nomme specialement le corps, est la principale,
haubert en François, & *lorica* en Latin, ont aussi esté
pris pour l'habillement de toutes pieces, assorti de
corselet, ou cuirasse, espaulettes, brassarts, cuissarts,
casque, gantelets, *Titus Livius lib. 37. His,* inquit,
tria millia peditum loricatorum, cataphractos ipsi appellant,
adjunxit, & les Fiefs qu'il faut deservir armé de pied
en cap, ont esté dits Hauberts, *Latinè verò feuda lori-*
cæ, desquels il faut entendre ce lieu de Robert du
Mont en la Chronique de l'an 1160. *Rex Henricus itu-*
rus in expeditionem prædictam, & considerans longitudi-
nem & difficultatem viæ, nolens vexare agrarios milites,
nec burgensem, nec rusticorum multitudinem, sumptis sexa-

ginta solidis Andegavensibus de feudo uniuscujusque loricæ,
&c. Et certain Reglement de l'Echiquier de Normandie fait la veille de Pasques 1296. inseré dans les Ar-
chives de la Chambre des Comtes à Paris, *de columba-*
riis factis extra feudum, aut membrum feudi de lorica con-
cordatum est ad conquestionem communis patriæ quòd omnia
columbaria facta & constructa extra loca prædicta à vi-
ginti annis, & citra diruantur, & in talibus locis amodo
non ædificentur.

Enfin les Fiefs d'Escuyers sont ceux à cause desquels le Vassal n'est tenu à assister son Seigneur que
legerement armé, ou avec l'escu seulement, Faucher
en son Livre de l'origine des Dignitez & Magistrats
de France, chap. 6. il est fait mention de ces Fiefs
dans les usages des Feudes, *siv de feudis scutiferorum.*

En consequence de ces regles feodales, plusieurs
Ordonnances de nos Rois statuent que le devoir du
Ban & Arriere-ban se fasse ainsi que l'acte des infeodations y oblige, & suivant la nature du Fief, la Declaration de François I. donnée à Blois le 19. Mars
1540. Autre Edict du mesme Roy à Chasteaudun en
1545. le 23. May art. 2. Neanmoins parce qu'il y a des
Fiefs dont il n'apparoist de la qualité, & que d'ailleurs l'estat de la milice, forme des harnois de guerre,
& maniere de combattre ont changé par la vicissitude
des temps, comme aussi le prix & valeur des heritages, nos Roys se sont avisez de regler, sur le pied du
revenu des Terres & Seigneuries mouvantes en Fief,
& eu égard aux temps, avec quel equipage & suite
chacun vassal seroit tenu de servir à l'armée, qui est la

regle

regle à quoy on se rapporte aujourd'huy. François I.
en sadite Ordonnance de l'an 1540. Henry I I. en
1547. art. 14. *Idem* en 1553. article 15. *Idem* à Saint
Germain en Laye en 1554. art. 9. *Idem* à Villiers-Costerets le 2. May 1557. art. 1. & 2. la teneur desquelles
Ordonnances peut estre veuë dans les Livres.

Finalement en general pour toutes les personnes
sujettes au Ban & Arriere-ban ; Henry I I. par Edict
du 23. Janvier 1554. art. 1. ordonna que le service seroit fait en une seule forme ; qui est, de cheval leger,
au lieu qu'autrefois c'estoit une milice mélée d'hommes d'armes, Archers, Arquebusiers, Chevaux legers, & cela a esté suivi de là en avant, & renouvelé
par les Edicts Royaux posterieurs ; en telle sorte que
châque Gentilhomme, ou possedant Fief, soit obligé
de faire un, deux, ou plusieurs Chevaux legers, selon la
portée & valeur de ses biens feodaux ; mais attendu
qu'il se trouve quantité de Fiefs, lesquels ne sont pas
de revenu suffisant à la subsistance & entretien d'un
homme de cheval, qui devoit anciennement estre
fourny par le Vassal ayant quatre à cinq cens livres en
revenu feodal ; & presentement par celuy lequel a
neuf cens livres annuellement venans, les Ordonnances voulans pourvoir de remede convenable à ce
cas, & ne pas trop fouler les Vassaux, ont déterminé
que plusieurs petits Fiefs seroient joints & mis ensemble jusques à la concurrence de la somme necessaire
pour l'équipage & appointement d'un Cheval leger,
à quoy ils contribuëroient tous, comme il se failloit
mesme cy-devant pour un Cavalier monté & armé

d'autre maniere, Edict du Roy François I. en 1545. art.
1. Henry II. en 1547. art. 14. Loüis XIII. en 1635. art.
8. Cette invention de coupler, tripler, & quadrupler
deux, trois, ou quatre Sujets & Vassaux, à ce que tous
puissent faire & entretenir un Cavalier, ou Pieton,
n'est pas nouvelle: car je la trouve pratiquée en France il y a plus de huict cens ans, touchant le mesme
sujet du Ban & Arriereban; il ne déplaira pas aux cu-
rieux que j'en rapporte icy deux passages. *Codex legum
Francicarum lib. 4. in capitulis ad leges additis cap. 3. ut
omnis liber homo qui quatuor manfos vestitos de proprio sua, sive de alieno beneficio habet, ipse se præparet,
& ipse in hostem, à l'armée, pergat, sive cum seniore suo;
qui verò tres manfos de proprio habuerit, huic adjungatur
unus qui unum manfum habeat, & det illi adjutorium, ut
ille pro ambobus ire possit: qui autem duos manfos tantùm
de proprio habet, jungatur illi alter qui similiter duos manfos habeat, & unus ex iis altero illi adjuvante pergat in
hostem. Qui etiam unum tantùm manfum de proprio habet,
adjungantur ei tres, qui similiter habeant & dent ei adjutorium, & ille tantum pergat: tres verò qui adjutorium illi
dederunt domi remaneant. Carolus Calvus in Edicto Pi-
stensi cap. 27. Comites vel Missi nostri diligenter inquirant quanti homines liberi in singulis Comitatibus maneant,
qui per se possint expeditionem facere, & quanti de his quibus unus alium adjuvet, quanti etiam de his qui à duobus tertius adjuvetur vel præparetur; necnon de his qui à
tribus quartus adjuvetur, & præparetur, ut exercitalem
expeditionem facere possint, &c.* Quant au contraire les
revenus d'un Fief & tenement noble font grands &

considerables, celuy qui le possede doit se presenter
en bon équipage & train proportioné à ses facultez, à
quoy les Nobles & gens d'épée ne manquent pas ordinairement de satisfaire, chacun estant assez porté à
se mettre en bonne conche & meilleur estat qu'il
peut, tant pour l'honneur de bien servir son Prince,
que par le desir naturel de paroistre. Comme la Declaration de 1645 art. 8. est la plus recente qui ait reglé
ce devoir, j'en transcriray icy les propres mots. *Le service du Ban & Arriere-ban se fera en une seule forme,
qui est de Cheval leger, & ceux qui auront en Fief neuf
cens ou mille livres de revenu annuel, feront un Cheval
leger en l'équipage requis, & de plus plus, & de moins
moins, en assemblant les Fiefs dudit Bailliage tant qu'ils
soient suffisans pour l'équipage & solde d'un Cheval leger.*

Le second poinct de nostre Chapitre regarde le
temps du service du Ban & Arriereban, duquel il
faut traiter. L'aide & assistance en l'armée deu par les
Nobles & tenans Fiefs, & anciennement par tous les
sujets du Roy, comme nous avons montré cy-devant, se fait aux cousts & dépens de ceux qui sont
obligez de marcher en campagne, quand l'Arriere-
ban est mandé: c'est pourquoy il a esté raisonnable
de déterminer un temps pendant lequel ils serviroient aux expeditions de guerre. Autrefois cela estoit
fixé à quarante jours en l'host, non compris l'aller &
le retour. Plusieurs traits de l'histoire, & quelques
Ordonnances des anciens Rois en font foy, dans
les Capitulaires de Charlemagne & Louis le Debonnaire son fils livre 7. addit. 4. chap. 84. *Postquam Ca-

mes ; *& pagenses de qualicunique expeditione hostili reversi fuerint, ex eo die supra quadraginta noctes sic bannus rescisus,* (hoc est solutus) *quod lingua Theodisca Scastlegi, id est, armorum depositio vocatur* ; sur lequel lieu & pour l'intelligence d'iceluy, j'advertiray le Lecteur, que l'espace du temps y est marqué au nombre des nuicts, selon un usage, qui estoit parmy nos Ancestres , de compter par nuicts le jour civil, lequel a duré plusieurs siecles, oyez ce qu'en dit Iules Cesar livre 6. de la guerre des Gaules, *Galli se omnes ab dite patre prognatos prædicant, idque à Druidibus proditum dicunt, ob eam causam spatia omnis temporis non numero dierum, sed noctium finiunt.* Et observez qu'il en reste quelque vestige dans le langage du vulgaire, qui dit encore *annuict,* ou *ennuict* pour signifier aujourd'huy. Voila un second passage justificatif du temps qui doit estre employé à servir en l'Arriere-ban, *Mathæus Paris verba faciens de obsidione Avenionis per Ludovicum VIII. Regem Franciæ ad annum* 1226, *venit ad eum, Henricus Comes Campaniensis, cum jam quadraginta dies in obsidione peregisset, petens de consuetudine Gallicana licentiam ad propria redeundi.* Le Roolle de ceux qui vinrent à la convocation du Ban & Arriere-ban, en la guerre qu'eut le Roy Philippes III. avec le Comte de Foix, par nous déja cité, fournira une troisiéme preuve, ibi.

Milites Bailliviæ Rothomagensis.

Henricus de Agaius, miles pro Redulpho de Croilleio qui debet servitium unius militis per quadraginta dies pro Episcopo Lexoviensi, & jam fecit 20. *dies.*

In Ballivia Xantonienfi.

Gaufridus de Rupeforti miles dixit quod debet ferui-
tium Domino Regi trium militum per quadraginta
dies, uenit Apamaiam.

La quarantaine expirée, les gens de l'Arriere-ban
obtenoient leur congé, neantmoins il eſtoit en la
diſpoſition du Roy de les retenir plus long temps en
leur fourniſſant viures & entretien, ainſi qu'il eſt
contenu dans le Reglement du Roy Sainct Loüis au
Liure intitulé *Li bons Roys Loyeis fit en ordena ceſta-*
bliſſement, chap. 60. d'où il appert auſſi que ſous le
Regne de ce Prince le ſeruice des Nobles & Vaſſaux
duroit deux mois, & le Ban des Communes ou Roturiers finiſſoit aprés quarante jours, le texte porte ces
mots, *Ly Baron, & ly home, c'eſt à dire Vaſſal, doi-*
uent le Roy ſuiure en ſon oſt quand il les en ſemondra, &
le doiuent ſeruir ſoixante jours, & ſoixante nuicts à tant
de Chevaliers comme chacun doit, en ſes ſeruices qui ly
doiuent quand il les en ſemond, & il en eſt meſtiers, &
ſi ly Roys les voloit tenir au ſien, entendez à ſes dépens,
por le Royaume defendre, il deuroit bien remaindre par
droit, & ne point s'en reuenir. Et nule Dame ne doit. ne
oſt ne chevauchée; mais elle puet bien envoyer tant de Che-
valiers come ſes fiés doit. Li home couſtumier ne doibuent
eſtre en l'oſt du Roy que quarante jours & 40. nuis. Par
des Declarations de nos Rois plus nouvelles, le ſervice feodal & durée du Ban & Arriere-ban ſont limitez
à trois mois dans le Royaume, & quarante jours hors
d'iceluy, ſans compter le temps de l'allée & du retour.
Ordonn. du Roy François I. à Chaſteaudun en 1545.

R

art. 9. d'Henry 2. à Fontainebleau le 20. Septembre
1551. art. 18. & de Loüis le Juste à Chantilly en Juillet
1635. art. 9. sa Majesté en la Commission du mois
d'Aoust dernier pour faire marcher en campagne la
Noblesse & Vassaux, ordonna que les gens du Ban &
Arriere-Ban serviroient sur la Meuse pendant deux
mois. Aussi dépend-il du Roy d'y mettre le terme qu'il
juge à propos, & ces dernieres prefixions de temps
ont esté bien moins onereuses que le service des quarante jours aux siecles passez ; attendu qu'autrefois
l'Arriere-ban estoit convoqué presques à toutes oc-
casions de guerre. Pendant tout ledit temps les Nobles & Feudataires doivent s'entretenir à leurs frais ;
& dés lors qu'ils commencent à marcher, il leur est
enjoint de payer raisonnablement, & de gré à gré,
les vivres & autres choses necessaires qu'ils prennent
du peuple en faisant chemin, ou sejournant, leurs
hostes sont seulement tenus à leur donner le couvert
& le lict ; & au cas qu'ils commettent quelque desor-
dre, excez, ou violence, doivent estre punis suivant
la rigueur des Edicts faits contre tous les gens de guerre. Ordonn. de 1549. art. 4. 1551. art. 2. 1553. art. 12.
1635. article préallegué, & 1639. art. 8.
Jusques à ce que le service soit fini, & l'Arriere-
ban congedié, il faut demeurer en l'armée ; & si aucun
part sans congé, lequel ne se doit accorder que pour
les causes & suivant la forme prescrites par les Ordonnances, il est punissable comme deserteur de la
milice. Ordonn. de 1545. art. 10. 1557. art. 24. 1639.
art. 10. laquelle peine est ordinairement d'estre passé

par les armes. Ce crime de defertion en temps de
guerre eftoit auffi capital parmi les Romains, *leg. 5. §.
1. ff. de re militar.* Semblablement par les Capitulaires
de nos anciens Rois, il emportoit perte de la vie, *in
Capitularib. Caroli Magni, & Ludovici Pii lib. 3. tit. 70.
Quicunque absque licentia & permissu Principis de hoste
reversus fuerit, quod factum Franci Herislis dicunt, volumus ut antiqua constitutio, id est capitalis, erga illum
puniendum custodiatur.* Certes l'experience journaliere
nous fait voir que les deserteurs font condamnez au
supplice de mort.

CHAPITRE V.

De la peine qu'encourent les défaillans au service du Ban & Arriere-ban, & des contributions pour raison d'iceluy.

LES loix politiques ont décerné des peines côtre
ceux, lesquels en temps de guerre font la sourde
oreille au son de la Trompette, & ne se presentent
pas en la convocation qui se fait des gens capables de
servir à l'armée, ou bien obligez par certains devoirs
à s'enrooller dans les trouppes. En l'estat Romain, où
l'usage fut, quand on avoit besoin d'hommes pour la
guerre, de mander & assembler en un lieu toutes les
personnes estans d'aage & disposition à porter les armes, ce qui s'appelle *vocatio ad delectum*, afin de faire
choix entr'eux du nombre de soldats jugé necessaire,
comme nous apprennent Polibe en divers endroits,

Aule Gelle Livre 16. chap. 9. Tite-Live Livre 6. Seruius sur ces vers de Virgile Livre 8. de l'Eneide,

> *Vt belli signum Laurenti Turnus ab arce*
> *Sustulit.*

Ceux qui manquoient de comparoistre au Ban, ont esté punis diversement selon la conjoncture & necessité des temps. Aucunefois on saisissoit & enlevoit tous leurs meubles & utensiles, *Dionysius Halicarnasseus lib.* 8. d'autrefois ils ont esté fustigez & mis en prison, *Titus Liuius lib.* 7. *Acerbitas in delectu non damno modò; sed laceratione corporum, virgis cæsis qui ad nomina non respondissent, partim in vincula ductis, inuisa erat.* Cette peine a aussi esté exercée d'abbatre leurs maisons & coupper leurs bois, au témoignage du Jurisconsulte Pomponius en la Loy *si is cum quo.* 20. *ff. commun. diuidund.* Nous lisons mesme chez Valere Maxime Livre 6. chap. 3. que la severité a esté portée jusques à vendre & reduire en esclavage les defaillans, laquelle rigueur fut depuis moderée. Il y a un passage remarquable touchant cecy en la L. 4. §. 10. *de re militar. Olim,* inquit, *qui ad delectum non respondebant, ut proditores libertatis in seruitutem redigebantur; sed mutato statu militiæ recessum à capitis pœna est; quia plerumque voluntario milite numeri supplentur.*

Les anciens Gaulois, chez qui pareillement aux necessitez de guerre se faisoit une proclamation generale & espece d'Arriere-ban, auquel tous les jeunes hommes habiles à endosser le harnois, & ceux qui se disoient issus de l'ancien estoc des Chevaliers, estoient tenus de comparoir, exposoient à la mort le

dernier

dernier venu en presence de l'assemblée, pour servir
d'exemple & terreur aux paresleux; ainsi que raconte
Cesar en ses Commentaires de la guerre qu'il fit dans
les Gaules Livre 5. chap. 21.

En France pendant le Regne des Merovingiens &
sous les premiers Rois de la seconde Race, les appoin-
tez des terres baillées à la charge de servir és camps &
armées, perdoient leurs heritages pour punition de
ne s'estre pas trouvé aux expeditions de guerre, comme nous avons discouru dans le premier Chapitre: &
au regard des autres sujets & habitans du Royaume,
qui estoient aussi tenus de prendre les armes, lorsqu'il
plaisoit au Roy de leur commander, la peine du de-
faut estoit une amende pecuniaire, *Gregorius Turonensis lib. 5. cap. 26. Post hæc Chilpericus Rex de pauperibus &
iunioribus Ecclesiæ iussit bannos exigi pro eo quód in exercitum non ambulassent.* Lib. 4. legum Francicarum cap.
*71. Quicunque liber homo in hostem bannitus fuerit, &
venire contempserit, plenum heribannum, id est, solidos sexaginta persolvat.* De plus, ceux qui avoient negligé
de se trouver à l'Arriere-ban, estoient notez d'infa-
mie, *Capitular. Caroli Magni & Ludovici Pii lib. 6. cap.
253. Placuit ut omnis, qui in expeditionem exercitus absque gravi necessitate non progreditur, testimonio dignitatis
suæ sit irrevocabiliter carens; ita ut in quibusdam villulis
vel territoriis sive vicis pestis huius infamationis habitato-
res ipsorum locorum sint degeneres, & testificandi vel accu-
sandi nullam habeant licentiam.*

Depuis l'institution des Fiefs & Arriere-fiefs, qui
se fit vers le milieu du Regne des Carlovingiens, &

S

apporta un notable changement en l'ordre & forme
de l'Arriere-ban : plusieurs Ordonnances vieilles &
nouvelles ont statué que ceux qui ne viendroient pas
servir le Roy, & leurs Seigneurs en guerre, fussent punis par la confiscation de leurs Fiefs, l'ancien Edict
de Charles le Gros donné au public par Frohet *in ori-
ginib. Palatini* impose cette peine aux défaillans, *Cui-
cunque secundum hanc legem expeditio imperetur, si ad Curiam Gallorum qui vulgò Rungale dicitur, dominum suum
non comitetur, & ibi cum militari apparatu non reprӕsen-
tetur, feodo, prӕter hos qui cum gratia dominorum suorum
remanserunt, in conspectu nostro absque spe recuperationis
privetur*; & Rigord en la vie de Philippes Auguste, a
écrit que les Fiefs des Evesques d'Orleans & d'Auxerre furent confisquez, suivant l'usage de France, pour
avoir refusé de rendre service au Roy à l'armée avec
leurs hommes & Vassaux, à quoy se rapporte le droict
commun des Fiefs, receu tant en Italie qu'en Allemagne, *cap. sancimus, de feud. sine culpa non amittend.
cap. si de feudi defuncti content. sit: cap. imperialem & firmiter
tit. 55. de prohibit. feud. alienat. lib. 2. feud.* Et une pareille
action de l'Empereur Frederic, recitée dans l'Histoire
d'Otho de Frisinghen Liv. 2. chap. 11. *Quorumdam
Episcoporum Regalia, id est feuda, personis tantùm, pendant* la vie des personnes tant seulement, *quia nec personis, sed Ecclesiis perpetualiter à Principibus tradita sunt,
à Friderico Roncalii abjudicata fuêre, quod expeditione Ita-
lica secuti, Imperatorem non fuissent*; & exprimée en ces
vers par Gunthérus, qui vivoit au douzième siecle,
& a couché en rithmes Latines les faits & gestes de cet
Empereur, Livre 2.

Tunc præcò regius omnem
Convocat à Dominis, feudalia iura tenentes,
At quicunque domú domino nolente relictus
Defuerit, foedo primævi curia censet.
Tunc quoque nonnulli censura vindice regni
Amisere diu tutâ possessa reatu,
Quin & Pontifices Halberstadensis, & ille
Sub quo bremæ fuit, nata regalia iura
Amisere notas personæ scilicet ipsæ
Non tamen Ecclesiæ: neque enim quod pastor iniquæ
Gessent Ecclesia fas est in damna refundi.

Pour les Ordonnances plus recentes, nous avons celles de Charles VI. en l'an 1392. d'Henry II. en 1547. art. 1. qui ordonnent aussi la privation des Fiefs, & de plus adjoustent que les Gentilshommes, lesquels auront negligé de se presenter à la convocation des Ban & Arriere-ban, soient decheus du titre & privilege de Noblesse, sinon qu'ils ayent excuses legitimes. L'Ordonnance de Blois contient pareille disposition en l'article 277. où sont ces mots, *Advenant necessité de guerre, tous Gentilshommes faisans profession des armes seront tenus de prendre les armes, & se rendre là part où il leur sera par nous commandé, pour nous servir suivant l'obligation de leurs Fiefs, ainsi qu'il est porté par nos Ordonnances, à peine de privation du surplus de Noblesse, & de leurs Fiefs.* Enfin la Declaration du Roy defunct faite touchant l'Arriere-ban convoqué en 1635. art. 2. & 1639. art. 1. & 4. celle de nostre Roy heureusement regnant, en datte du 21. d'Aoust dernier passé, enjoignent conformément aux anciens Edicts, la

commife des heritages contre les abfens & defobeïf-
fans. Pour le fait des Nobles, lefdits Reglemens de
1635. & 1639. difent fimplement qu'ils feront degra-
dez de l'honneur de porter deformais les armes.

Mais nous ne voyons pas que les peines eftablies
par ces Statuts & Edicts s'obfervent à la rigueur, nos
Princes par une indulgence qu'ils ont, ne faifans pas
executer la feverité des Ordonnances données en cette matiere; car ceux qui n'ont pas fait le fervice du
Ban & Arriere-ban en font ordinairement quittes
pour une taxe qu'on leve fur eux, ainfi la chofe eft
prefque reduite au droict des Feudes contenu dans le
Chapitre *Imperialem* §. *firmiter. lib. 2. tit. 55.* qui ordon-
ne aux Vaffaux fous peine de perdre leurs Fiefs, de
fervir en perfonne lors des neceffirez de guerre, ou
envoyer pour foy un homme fortable; ou bien payer
une demie année du revenu de leur Fief, laquelle
conftitution a efté traduite en ces vers par le Poëte
feodal, *lib. 8. Ligurini:*

 Publica militiæ vafallus munera juftæ
 Non renuat, dominique libens in caftra vocatus
 Aut eat, aut alium pro fe fubmittat iturum,
 Arbitrio Domini, vel quem laudaverit ille
 Compenfet, redimatque fuum mercede laborem.

En effet depuis que les fiefs ont efté poffedez par le
Noble & le Roturier, le Gendarme & le Bourgeois,
& que la force de la milice Françoife n'a plus confi-
fté aux hommes de Fief, ains dans les trouppes de Soldats ftipendiez & ayans folde, les loix militaires &
feodales font fort décheuës de leur ancienne inftitu-

tion

tion, & nos Rois ont ufé du Ban & Arriere-ban comme d'une efpece de Taille extraordinaire, convertiffans en deniers le fervice perfonnel à quoy les Fiefs obligeoient, ce qui fe fait communément à l'égard des Roturiers, dont peu viennent fervir actuellement; côme auffi pour les femmes tenans Fiefs, & les Nobles que l'indifpofition du corps, leur aage, ou office qu'ils exercent, ou autre caufe, empêche d'aller à la guerre. Dans l'Ordon. d'Henry II. à Paris le 16. Janvier 1557. art. 1. *Ordonnons que toutes perfonnes indifferemment quelconques fujettes à nos Ban & Arriere-ban feront tenuës de nous venir fervir perfonnellement & actuellement au fait de nos guerres, la part que nous les ferons marcher, ou bien là où ils s'excuferont de n'y pouvoir venir, ils feront tenus fournir, bailler & deliurer comptant és mains de celuy, qui a efté ou fera commis à recevoir & tenir le compte de l'argent des contributions du Ban & Arriere-ban en chacun Bailliage, les fommes qu'ils devront fournir & contribuer felon la qualité de leurs Fiefs & tenemens nobles.* Je trouve que cette côverfion en taxes fut faite par un Arreft au temps du Roy Philippes le Hardy; & comme c'eft un Arreft qui juftifie non feulement le fujet dont eft prefentement queftion, mais encore ce qui a efté dit dans le precedent Traité concernant la quarantaine de l'Arriere-ban, & la difference du fervice en plus grand ou moindre équipage & fuite, eu égard aux conditions des Fiefs, il ne fera pas inutile de le tranfcrire icy.

Taxatio expenfarum & emendarum contra Nobiles, qui fubmoniti non fuerunt in exercitum Fuxenfem.

Ex Regiftro M. S.

T

Philippus Dei gratia Francorum Rex, Baillivo, &c.
Vt jura Regni nostri liberius & plenius conserventur, &
etiam delinquentes animadversione debita puniantur, per
nostram fuit curiam ordinatum, quod nostri subditi qui nobis tenentur cum expensis suis ad servitium exercitus, &
qui venire nobiscum in exercitum Euxensem submoniti non
venerunt, tantum nobis reddant, quantum secundum æsti-
mationem communem, si nobiscum fuissent, veniendo, re-
deundo & morando expendere debuissent, & quod emendam
insuper idoneam nobis præstent. Vnde mandamus vobis secundum ordinationem prædictam quatenus exigatis pro qua-
libet die, qua nobis, ut dictum est, servitium prædictum debebant, à singulis Baronibus pro personis suis centum solidos
Turonenses ratione dictarum expensarum, & quinquaginta
solidos Turonenses pro emenda. Et à singulis vexillariis, seu
banneriariis, viginti solidos Turon. ratione dictarum expensarum, & decem solidos Turonenses pro emenda. Et à quolibet simplici milite, simple Chevalier, decem solidos Turonenses ratione prædictarum expensarum, & quinque solidos Turonenses pro emenda, & à quolibet serviente seu ar-
migero quinque solidos Turonenses ratione dictarum expensarum, & pro emenda duos solidos & sex denarios Turonenses. Ita videlicet quod singulos Barones & singulos ve-
xillarios nihilominus compellatis ad solvendos nobis pro singulis militibus, quos secum habuissent, seu habere debuissent, ad faciendum servitium supradictum, videlicet pro
singulis diebus decem solidos Turonenses pro expensis cujuslibet militis, & quinque solidos ratione cujuslibet similiter
pro emenda. Summa verò per quadraginta dies pro quolibet
Barone ratione personæ suæ, militibus suis in hac summa

minime computatis, 300. *libræ Turonenses. Summa per quadraginta dies pro quolibet milite vexillario ratione persona suæ, militibus suis in hac summa minime computatis, 60. libræ Turonenses, & per quadraginta dies pro quolibet milite* 30. *libræ Turonenses. Summa per quadraginta dies pro quolibet serviente* 15. *libræ Turonenses. Rursus mandamus vobis ut à singulis qui nobis ad nostras expensas tenentur ad servitium supradictum, & qui submoniti de faciendo dicto servitio illud facere noluerunt, seu etiam non fecerunt, sive sint Barones sive sint vexillarii, vel milites aut servientes, similiter compellatis ad solvendum nobis totidem quantum dictum est superius de singulis supradictis, hoc excepto quod de dictis summis per singulos dies pro expensis cujuslibet militis sex solidi Parisienses, & pro expensis armigeri quinque solidi Parisienses deducentur. Factum fuit hoc statutum Parisius in Parlamento Assumptionis Domini* 1274. *mense Septembri.*

Ces contributions à cause du Ban & Arriere-ban, se reglent selon la valeur des Fiefs, & les coulsables sont contraints au payement d'icelles, nonobstant oppositions ou appellations quelconques, par saisie & vente de leurs meubles & immeubles, mesme par par emprisonnement de leurs personnes, comme pour les propres deniers & affaires de sa Majesté, Ordonnance de l'an 1557. à Villers Costerets art. 31. & celle de 1635. art 10. l'employ des deniers en provenans par les Edicts & Declarations, est destiné à entretenir quelques trouppes de Cavalerie, ayder à ceux qui viennent servir personnellement sans avoir des commoditez & Fiefs bastans pour l'equipage d'un homme de cheval, payer les soldes & gages des Chefs & Officiers de l'Arriere-ban, & des Officiers de robbe longue assistans aux comparutions & assemblée des Nobles & tenans Fiefs. François I. en 1545. art. 12. & 14. Henry II. en 1547. art. 7. 10. 11. 12. *Idem* en 1553. à Saint Germain en Laye le 21. Juin. *Idem* en 1557. à Villiers-Costerets art. 19. Estats de Blois art. 320. Loüis XIII. en 1639. art. 5. & 7.

De ce que dessus sont nées deux questions, toutes deux decidées par les Ordonnances. La premiere, si celuy auquel appartient une rente fonciere à prendre sur quelque Fief, doit contribuer avec le Seigneur de la proprieté au service & taxes de l'Arriere-ban : La seconde, si une doüairiere est aussi obligée à supporter ces charges. L'un & l'autre y est declaré sujet, Ordonnance de 1545. art. 6. 1547. art. 14. 1553. art. 16. 1557. art. 4. 1635. art. 13. Ce qui a grande raison ; attendu que la rente fonciere tient lieu d'heritage, & fait comme partie du fond. Quant au doüaire, c'est une espece d'usufruict : or tout usufruictier est obligé d'acquiter les charges réelles qui arrivent pendant la jouïssance, *quasi onera fructuum, l. usufructu. 7. S. hactenus. & l. si pendentes. 27. ff. de usufruct. l. neque 14. ff. de impens. in reb. dotalib. fact. l. quæro. 28. ff. de usu & usufruct legat.* L'Arriere-ban auquel oblige la possession des Fiefs, est un devoir réel & foncier, partant les doüairieres en sont tenuës ; ainsi le decident les meilleurs Autheurs du Barreau ; Maistre Charles du Moulin sur la Coustume de Vermandois article 39. Antoine Mornac en lad. loy 7. *ff. de usufruct.* L'advocat

Bacquet

Bacquet en ſon traité des Francs-Fiefs chap. 9 où
neanmoins il apporte une exception au profit des
,, doüairieres, fondée ſur Arreſts, quand le revenu
,, annuel de l'heritage baillé en doüaire eſt eſtimé,
,, bien eſt vray, dit-il, que ſi un Fief avec ſes apparte-
,, nances & dépendances avoit eſté baillé à une fem-
,, me en doüaire prefix, ou bien lüy avoit eſté aſſigné
,, pour ſes alimens, & que le revenu annuel de ce Fief
,, euſt eſté eſtimé à certaine ſomme de deniers, com-
,, me de deux cens eſcus par an. En ce cas le mary ou
,, ſon heritier ſeroit tenu acquiter la femme de la con-
,, tribution du Ban & Arriere-ban ; *quia alimenta ſive*
ex contractu ſive ex teſtamento debeantur, integra ſunt
,, *præſtanda, nihilque ex eis detrahendum eſt.* Auſſi en ce
,, la femme eſt comme creanciere qui joüit de l'heri-
,, tage par forme d'engagement, & le mary eſt com-
,, me detteur : ainſi a eſté jugé par deux Arreſts don-
,, nez en la plaidoirie en la Cour des Aydes le Mercre-
,, dy 13. Juin 1554. & Vendredy 23. Fevrier 1513.
argum. leg. Licius Titius. ff. de aliment. legat. l. Firmio. ff.
quand. dies legat. ced. l. Legatum. §. vini ff. de annuis legat.